Mehr Informationen unter www.den-trick-kenne-ich.ch

Den Trick kenne ich

Betrugssignale, -strategien und -delikte
frühzeitig erkennen und vorbeugen

Mehr Informationen unter www.den-trick-kenne-ich.ch

Für Gisela Michels
Für Sogyal Rinpoche

Möge dieses Buch einen kleinen Beitrag leisten, dass:

Alle Menschen Glück erfahren und die Ursachen von Glück!
Mögen Sie frei sein von Leid und den Ursachen von Leid!
Mögen Sie nie getrennt sein von der grossen Glückseligkeit,
die frei ist von Leid!
Mögen Sie stets im grossen Gleichmut verweilen
und frei sein von Anhaftung und Abneigung!

„Die vier Unermesslichen", Buddhistisches Wunschgebet

Die Webseite mit weiteren wertvollen Informationen:
www.den-trick-kenne-ich.ch

Illustrationen: Catherine Harrel, www.catherineharrell.com
Gestaltung: Michael Löbens, www.loebens.de
Herstellung und Vertrieb: 1-2-Buch, www.1-2-buch.de
Verlag: EvolutioNET GmbH, www.evolutionet.ch

Alle Abbildungen von optischen Täuschungen, sofern nicht anders vermerkt, sind gemäss Wikipedia Public Domain.
Fotos Seite 21/22, 29/30 Istockphoto.com
Fotos Seite 25, 45/46, 57/58 Shutterstock.com
Fotos Seite 33/34, 37/38 Pixelio.de
ISBN 978-3-940445-36-0

„Ich habe bisher über 50'000.— einbezahlt, damit mein Gewinn endlich ausbezahlt wird. Glauben Sie, dass ich noch auf eine Auszahlung meines Gewinns zählen kann?" So oder ähnlich tönt es immer wieder von Menschen, die bei der Schweizerischen Kriminalprävention anrufen und um Rat fragen. Wöchentlich erhalten wir mehrere Anrufe von Menschen, die auf immer neue Formen von Betrug hereingefallen sind; oft unterscheiden sich die Betrugsformen nur geringfügig voneinander und sind seit Jahren bekannt – auffallend häufig wird der Betrug übers Internet initiiert.

Erstaunlicherweise sind die meisten Betrugsopfer extrem anfällig für Betrugsversuche aus dem Internet. Alle Vorsicht wird da vergessen und freiwillig werden Adressdaten, Kontodaten und viele intime Kenntnisse weitergegeben, um an vermeintlich grosse Gewinne zu gelangen. Dabei vergessen die Opfer dann, dass die Täter diese Informationen weitergeben können und sie dadurch noch einmal bedeutend anfälliger für neue Betrugsaktionen sind: Die Täter können eine grosse Vertrautheit mit dem Opfer vorlügen, und das Opfer wähnt sich in vermeintlicher Sicherheit.

Oft werden wegen einiger Franken mehr beim Verkauf eines alten Autos dubiose Arrangements mit dem Käufer eingegangen: Käufer aus Afrika senden einen Scheck über einen viel höheren Betrag als beim Verkauf des Autos abgemacht und bitten, den Überschuss dem Spediteur mitzugeben. Und der Verkäufer findet dann heraus, dass der Scheck überhaupt nicht gedeckt war: Das Auto ist weg und damit auch noch der Geldbetrag, der dem Spediteur mitgegeben wurde.

Lotteriegewinne aus dem Ausland bringen die Betrugsopfer häufig dazu, grosse Geldsummen ins Ausland zu zahlen, damit der Gewinn endlich aus dem Ausland in die Schweiz ausbezahlt werden kann: Aber keines der Betrugsopfer fragt sich, wieso eine ausländische Lotterie einen Gewinn in die Schweiz ausbezahlen sollte, auch wenn das Opfer nie ein Los bei dieser Lotterie gekauft hat.

Ganz viel Geld wird „investiert", um grosse Vermögen aus einem Land zu bringen. Dabei wird das Betrugsopfer gebeten, ein Bankkonto in der Schweiz zur Verfügung zu stellen, auf welches dann Millionen von Franken gebucht würden. Von diesem Bankkonto werde das Geld dann weiterverschoben, aber „die Dienstleistungen" würden mit einem hohen Prozentsatz, typischerweise mit 10% des Vermögens „vergütet". Bis das „Vermögen" aus dem Ausland in der Schweiz eintrifft, sind dann oft Zahlungen für Anwaltskosten, Banktransfer etc. zu leisten. Viele Opfer haben hunderttausende von Franken ins Ausland geschickt und dann auf den erhofften Geldsegen gewartet – und nie haben die Opfer auch nur einen Rappen des versprochenenen Geldes gesehen.

Vielfach werden sich die Opfer des Betrugs bewusst. Scham ist einer der Gründe, wieso nicht häufiger über solche Vorfälle gesprochen wird. Über Einbruch oder Diebstahl wird oft diskutiert und auch darüber, wie man sich schützen kann. Aber Scham über seine eigene Gier, die einen dazu verleitet hat, auf einen ganz unverschämten Betrug hereinzufallen, lässt das Opfer schweigen. Viele Betrugsversuche werden nicht bei der Polizei angezeigt, auch weil der Betrug im Ausland stattgefunden hat und die Betrüger gar nicht mehr zu finden sind. Dabei gibt es offenbar viele Betrugsopfer: Diese könnten sich organisieren und gemeinsam versuchen, gegen die Betrüger vorzugehen oder wenigstens darüber zu informieren, wie die Betrüger vorgegangen sind, damit solche Betrugsformen in der Schweiz zukünftig keine Chance mehr haben.

Obschon wir keine statistischen Daten über den Umfang der Betrugsvorfälle besitzen, stellen wir immer wieder fest, dass viele Menschen Opfer eines Betrugsfalls geworden sind. Wir können nicht mehr über alle Betrugsdelikte informieren, es sind mittlerweile zu viele. Deshalb haben wir uns überlegt, wieso Menschen zu Betrugsopfern werden: Es ist immer eine Kombination von Betrugsmerkmalen, -situationen und Persönlichkeitsmerkmalen, welche eine Person für einen Betrugsversuch verwundbar machen.

Im Folgenden haben wir für Sie diese Betrugsmerkmale, Betrugssituationen und Persönlichkeitsmerkmale zusammengestellt, welche auch Sie vielleicht eines Tages zu einem Betrugsopfer machen können. Lesen Sie sich unsere Informationen aufmerksam durch und wenn Sie das nächste Mal das Gefühl haben, ohne grossen Aufwand schnell sehr reich werden zu können, erinnern Sie sich hoffentlich an unsere Informationen. Nehmen Sie sich Zeit und überdenken Sie noch einmal, wieso gerade Sie so unverhofft profitieren können. Lassen Sie sich nicht drängen und stimmen Sie einem Vertragsabschluss erst zu, wenn Sie mindestens eine Nacht darüber geschlafen haben. Am nächsten Tag sieht der unverhoffte Gewinn dann vielleicht gar nicht mehr so interessant aus.

Martin Boess
Schweizerische Kriminalprävention

Als ich 2006 das erste Mal mit der SKP darüber diskutiere, die Stopp-Betrugskampage zu überarbeiten, wurde sehr schnell klar, dass wir etwas anderes entwickeln wollten, als nur Delikte aufzählen und sagen, was man nicht tun soll. Dies war auch schon alleine auf Grund des Einfallsreichtums der Gauner nicht sinnvoll. Diese erfinden neue Methoden und Abwandlungen schneller, als Sie und ich ein Hemd wechseln. Wir suchten also nach einer besseren Lösung, nach etwas Grundlegenderem.

Schliesslich kam uns die Idee das Thema wie folgt zu gliedern:

- Betrugssignale, also Täterstrategien;
- Opfermerkmale, also welche Eigenschaften die Opfer haben;
- Betrugsanfälligkeit, in welchen Situationen ein Betrug besonders häufig vorkommt, und die
- Betrugsdelikte selbst.

Unsere Arbeitsthese für diese Kampagne ist, wenn bestimmte Betrugssignale mit bestimmten Opfermerkmalen in einer bestimmten Situation zusammentreffen, ist die Wahrscheinlichkeit für ein bestimmtes Delikt, bzw. Deliktart erhöht.

Beim Versuch der Vermittlung der Bereiche merkten wir dann auch sehr schnell, dass eine alleinige verbale Darstellung diese Inhalte nicht ausreichend transportieren würde. So entwickelten wir das vorliegende System, in dem wir uns auch auf die Bildsprache der Illustrationen und die Kraft der Zitate abstützen. Es war erstaunlich zu sehen, wie viele Zitate es zum Thema Betrug gibt. Es musste also etwas sein, dass die Menschen beschäftigt. Im Bereich Betrugssignale führten wir dann noch die Bilder mit optischen Täuschungen ein, um die Leser zum Nachdenken und zum Hinterfragen des „Offensichtlichen“ anzuregen. Da die ehrliche Reflektion über vielleicht nicht so „schöne“ Charaktereigenschaften, welche aber letztendlich ein Betrogen werden begünstigen, uns etwas schwierig erschien, haben wir im Bereich der Opfermerkmale mit Slogans und Fabeln gearbeitet.

Das vorliegende Buch können Sie von vorne nach hinten lesen, einfach durchstöbern, einzelne Seiten aufschlagen und lesen oder kapitelweise durchgehen. Ganz wie es Ihnen gefällt.
Hinweis für Leser, die nicht aus der Schweiz sind: Grundsätzlich sind die Aussagen dieses Buches unabhängig vom Wohnsitz gültig. Täter- oder Op-

fermerkmale, bzw. Situationen kennen keine Ländergrenzen. Nur bei den Empfehlungen, ob man Anzeige erstatten soll oder nicht, haben wir uns an die gängige Schweizer Praxis gehalten.

Unser Hauptanliegen ist es, Sie als Leser selbst zum Nachdenken anzuregen, Situationen und Ereignisse zu hinterfragen, hinter das „Offensichtliche" zu blicken und Sie zu Empowern mit potentiellen Betrugssituationen umgehen zu können und vielleicht sagen zu können: „Nicht mit mir, denn den Trick kenne ich!"

Besuchen Sie auch die aktualisierte Webseite zur Kampagne mit vielen weiteren nützlichen Informationen, Links, Adressen und Downloads unter: www.den-trick-kenne-ich.ch

Hajo Michels
EvolutioNET GmbH

1. Mögliche Betrugsmerkmale

In diesem Kapitel geht es darum, Ihnen die möglichen Betrugsmerkmale vorzustellen. Betrüger benutzen immer wieder die gleichen Muster und Strategien, um ihre Opfer zu hintergehen. Die Kenntnis dieser Strategien und das gehäufte Vorkommen mehrerer dieser Strategien sollten Sie misstrauisch machen. Dabei sollen Ihnen gerade auch die Fragen und die Zitate helfen, das Thema selbst aus verschiedenen Perspektiven zu beleuchten. Die optischen Täuschungen sollen Sie inspirieren, das „Offensichtliche", die „Realität" zu hinterfragen!

1.1. „Nur noch heute, daher greifen Sie jetzt sofort zu..." „Verpassen Sie nicht das Angebot Ihres Lebens!"

„Ich hab sofort gespürt, wenn Entscheidungen falsch waren - auch in der Brieftasche." Karl Handl

- Versucht man, Sie zu hastigen und übereilten Entscheidungen zu drängen?
- Ist eine Offerte nur heute gültig?
- Gibt es den Sonderpreis nur bis morgen?
- Muss eine Zusage unbedingt jetzt erfolgen?
- Kann der Abschluss nur sofort getätigt werden?

Lesen Sie hierzu mehr auf Seite 21.

1.2. „Zu schön, um wahr zu sein!"

„Gier ist meine Lieblingssünde, damit bekomme ich sie alle." Angeblich der Teufel

- Klingt das Geschäft zu gut, um wahr zu sein?
- Ist die Rendite marktunüblich hoch bei geringem bis keinem Risiko?
- Ist es Zufall, dass gerade ich dieses Angebot bekomme?

Lesen Sie hierzu mehr auf Seite 25.

1.3. „Gratis kann teuer sein!“

„There is no such thing like a free lunch“ Amerikanisches Sprichwort
„Nichts ist teurer als das, was du umsonst bekommst.“ Aus Japan

- Warum sollte mir jemand, den ich nicht kenne, etwas schenken?
- Warum erhalte ich von einer mir fremden Person plötzlich ein Geschenk?
- Welchen Hintergedanken verfolgt mein Gegenüber?

Lesen Sie hierzu mehr auf Seite 29.

1.4. „Auch Heuchler müssen sterben...“

„Das Zeichen eines Heuchlers ist ein dreifaches: Wenn er spricht, lügt er; wenn er verspricht, hält er nicht; und wenn er vertraut, fürchtet er.“ Mohammed

- Wieso will eine mir fremde Person sich plötzlich bei mir einschmeicheln?
- Ist mein Gegenüber extrem freundlich, verständnisvoll und überschwänglich?
- Gebraucht mein Gegenüber übermässig viele Superlative?

Lesen Sie hierzu mehr auf Seite 33.

1.5. „Haben Sie doch ein Herz...“

„Die grossartigste Schwäche des Menschen ist sein Mitleid.“ Thomas Niederreuther

- Wird übermässig an Ihre Hilfsbereitschaft appelliert?
- Ist es wirklich für einen guten Zweck?
- Sie könnten wirklich helfen und etwas Gutes tun!

Lesen Sie hierzu mehr auf Seite 37.

1.6. „Das machen alle so..."

„Kaufen Sie Scheisse, Milliarden Fliegen können nicht irren ..."
Unbekannt

- Betont Ihr Gegenüber immer wieder, wie viele andere das schon gemacht haben, oder erwähnt Prominente?
- „Herr XY macht das auch!"
- „Sogar der „DJ Bobo" benutzt das!"

Lesen Sie hierzu mehr auf Seite 41.

1.7. „Gemeinsamkeit kann verbinden oder fesseln!"

„Gleich und Gleich gesellt sich gern." Deutsches Sprichwort

- Ist es nicht merkwürdig, dass mein Gegenüber angeblich viel mit mir gemeinsam hat?
- „Da war ich auch schon in den Ferien!"
- „Meine Oma kommt von da!"

Lesen Sie hierzu mehr auf Seite 45.

1.8. „Mehr Schein als Sein...!"

„Das ist ein bisschen wie in Hollywood: Eine grosse Fassade, aber nichts dahinter." Rudolf Kaske

- Versucht Ihr Gegenüber, Sie mit Titel, Kleidung, grossem Auto oder Büro zu beeindrucken?
- Erklärt er Ihnen, welche prominenten Freunde er hat?
- Weist er immer wieder darauf hin, wie viel Geld er schon verdient hat?

Lesen Sie hierzu mehr auf Seite 49.

1.9. „Entwaffnende Ehrlichkeit..."

„Mit seiner Ehrlichkeit brachte er die Wahrheit jedes Mal in Verlegenheit und zwang sie zu einer Notlüge." Nikolaus Cybinski

- Ist Ihr Gegenüber wirklich so ehrlich?
- Handelt Ihr Gegenüber selbstlos?
- Ist Ehrlichkeit nur eine Masche?

Lesen Sie hierzu mehr auf Seite 53.

1.10. „Nur für Sie..."

„Dummheit ist auch eine Form der Exklusivität." Moritz Heimann

- Gibt Ihnen Ihr Gegenüber exklusive Informationen, die er angeblich nur Ihnen gibt?
- Gilt das Angebot nur für Sie?
- Sind Sie der Einzige, dem dieses Geschäft angeboten wird?

Lesen Sie hierzu mehr auf Seite 57.

1.11. „Ich beschütze Sie..."

„Vorsicht und Misstrauen sind gute Dinge, nur sind auch ihnen gegenüber Vorsicht und Misstrauen nötig." Christian Morgenstern

- Jagt Ihnen Ihr Gegenüber zuerst Angst vor etwas ein und bietet dann eine Lösung für diese Angst?
- „Gegen die kleine Gebühr von ..."
- „Natürlich ist es nicht ganz einfach, daher ..."

Lesen Sie hierzu mehr auf Seite 61.

1.1. „Nur noch heute!“

*„Nur noch heute, daher greifen Sie jetzt sofort zu...
Verpassen Sie nicht das Angebot Ihres Lebens!“*

„Ich hab sofort gespürt, wenn Entscheidungen falsch waren - auch in der Brieftasche.“
Karl Handl

- Versucht man Sie zu hastigen und übereilten Entscheidungen zu drängen?
- Ist eine Offerte nur heute gültig?
- Gibt es den Sonderpreis nur bis morgen?
- Muss eine Zusage unbedingt jetzt erfolgen?
- Kann der Abschluss nur sofort getätigt werden?

Was sehen Sie?

Manchmal muss man eine Sache länger betrachten, bis man die Realität sieht!

Das vermeintliche Auge ist in Wahrheit nur eine Wolkenformation!

Betrüger versuchen Ihnen keine Zeit zu lassen die Realität zu sehen!

Knappheit = Hoher Preis

„Ein oft gesehenes Mädchen und ein oft getragenes Kleid verlieren an Wert."
Aus Grossbritannien

Sicherlich wissen Sie, warum Platin so viel kostet. Genau, weil es sehr selten ist. Daraus folgt, wenn es etwas selten gibt, ist es für uns kostbar und hat einen hohen Preis! Das ist eine uralte Regel, die den Menschen wie instinktmässig eingepflanzt ist. Wenn man es also schafft, Sie glauben zu machen, dass etwas sehr selten ist, so sind Sie eher geneigt einen höheren Preis dafür zu zahlen.

Wenn jemand es schafft, Ihnen einzureden, das geschliffene Glas sei ein Diamant, so bekommt es für Sie einen ganz anderen, nämlich höheren Wert.

In dieser Kategorie der möglichen Betrugsmerkmale gibt es noch die Variante Zeitdruck.

Nur kurze Zeit zu diesem Preis = Keine Möglichkeit den Preis zu vergleichen

„Das eben geschieht den Menschen, die in einem Irrgarten hastig werden: Eben die Eile führt immer tiefer in die Irre."
Lucius J. Seneca

Die Dauer eines sehr günstigen Angebotes zeitlich zu begrenzen ist nichts anderes, als eine Verknappung des Gutes herbeizuführen. Allerdings versucht der potentielle Betrüger hier, Sie glauben zu machen, dass sein Angebot besonders günstig sei. Der Zweck des Zeitlimits ist immer, Ihnen zu verunmöglichen, das Angebot zu prüfen und zu vergleichen. Und wie sagte schon der alte Publilius Syrus: *„Nichts kann gleichzeitig hastig und klug erledigt werden."*!

Das Keks-Experiment
Im Rahmen einer Marktforschungsstudie bekamen die Teilnehmer Kekse zur Geschmacksbeurteilung. Dabei wurden die gleichen Kekse ein Mal jedem Teilnehmer in einer Schale mit 2 Keksen serviert und ein anderes Mal in einer Schale mit 8 Keksen. Das Ergebnis war, dass alle Teilnehmer die in der 2-Kekse-Schale dargebotenen Kekse als eindeutig schmackhafter und besser beurteilten.
(Worchel, Lee Adewole, 1975)

„Raritäten, die in Massen auftreten, sind extrem selten."
Unbekannt

Die Eule rät
Seien Sie sich der Wirkungsweise des Knappheitsprinzipes bewusst, welches besagt:

- Je knapper ein Gut, desto „besser ist es" und desto höher ist sein Wert für uns; das wiederum macht es umso begehrter für den Menschen!
- Auch eine erlogene Verknappung macht ein Gut für uns interessant, sofern wir die Lüge glauben!
- Eine bevorstehende Verknappung macht Güter interessanter und wertvoller als solche, die schon immer knapp waren!
- Menschen empfinden eine bevorstehende Verknappung als Verlust an Freiheit (Wahlfreiheit) und reagieren darauf, dass sie sich den Zugang zum entsprechenden Gut sichern wollen. Also z.B. es kaufen oder horten!

1.2. „Zu schön, um wahr zu sein!"

„Gier ist meine Lieblingssünde, damit bekomme ich sie alle."
Angeblich der Teufel

- Klingt das Geschäft zu gut, um wahr zu sein?
- Ist die Rendite marktunüblich hoch bei „geringem bis keinem Risiko"?
- So ein „Zufall", dass gerade Sie dieses Angebot bekommen.

„Die Welt hat genug für jedermanns Bedürfnisse,
aber nicht genug für jedermanns Gier."
Mahatma Gandhi

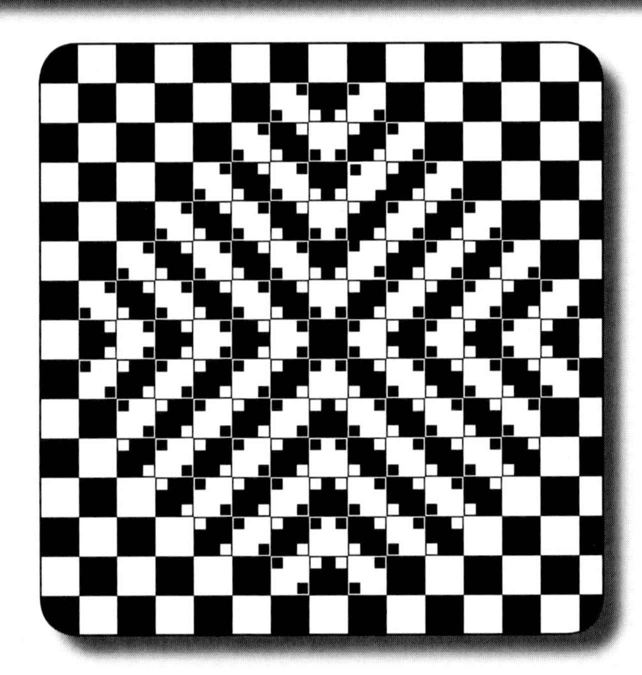

Sehen Sie, dass die Linien gebogen sind?
Tatsächlich sind die Linien gerade!
Betrüger verbiegen gerne die Realität!

„Der Bau von Luftschlössern kostet nichts.
Aber ihre Zerstörung ist sehr teuer."
François Mauriac

Plötzlichen Reichtum gibt es nur im Märchen

Leider ist es nur allzu wahr, dass einer der häufigsten Gründe, warum Menschen Opfer von Betrügern werden, in ihrer eigenen Gewinnsucht liegt. Das hat sicher auch damit zu tun, dass Konsum und materieller Besitz in unserer Gesellschaft einen derart hohen Stellenwert haben. Wenn man dann so richtig in diese Gier hineingekommen ist, wirkt diese wie ein Wahrnehmungsfilter. Es wird nur noch wahrgenommen, was in das eigene Denkschema passt. Goethe sagte schon: *„Ein jeder sieht nur das, was er zu sehen vermag."* Menschen tun dann Dinge, die sie normalerweise nicht tun würden. Glücklich, der gute Freunde hat, die einen darauf aufmerksam machen.

Wikipedia definiert Habgier: Habgier oder Habsucht ist das übersteigerte, rücksichtslose Streben nach materiellem Besitz, unabhängig von dessen Nutzen, und eng verwandt mit dem Geiz, der übertriebenen Sparsamkeit und dem Unwillen zu teilen.

Ganz nebenbei ist im Christentum die Habgier auch eine der sieben Todsünden.

„Nicht reich macht zufrieden - zufrieden macht reich."
Aus dem Schwarzwald

Aber kann man wissenschaftlich erklären, warum Menschen habgierig sind? Warum Wirtschaftsbosse sich immer mehr in die Tasche stecken und Politiker meinen, es stünde ihnen zu abzusahnen?

Geld als Suchtmittel

Zum einen könnte man die Suchttheorie zurate ziehen, denn vieles von dem, wie sich gierige Menschen gegenüber Geld verhalten, ähnelt diesen Kriterien:

1. Zwanghaftes Benutzen einer Substanz oder Verhaltensweise, die nicht wirklich hilft.
2. Der/die Abhängige beeinträchtigt und schädigt sein/ihr eigenes Leben.
3. Die Sucht führt zur Entfremdung von sich selbst, von anderen und von der Welt.
4. Sucht unterscheidet sich von Gewohnheit u.a. dadurch, dass keine freie Entscheidung mehr möglich ist, das Verhalten zu ändern.
5. Das ganze Glück scheint daran zu hängen, dass der/die Süchtige das Suchtmittel bekommen kann.
6. Die Sucht wird verleugnet.
7. Jegliche Eigenverantwortung für die Sucht wird abgeschoben.
   (Quelle: Ingrid Suprayan: Geld als Droge?)

Diese Merkmale von Sucht finden sich auch in unserem Umgang mit Geld wieder. Zu denken wäre dabei an den häufigen Charakter des Konsums als Ersatzhandlung zum Ausgleich einer inneren Leere. Das Leben insgesamt wird massiv geschädigt. Die Entfremdung von sich, von anderen und von der Welt zeigt sich u.a. im Zockertum an den Börsen. ‚Sachzwänge' engen den freien Umgang mit Geld und Vermögen mit der Folge ein, dass das Bewusstsein der eigenen Verantwortung für den Umgang mit Geld verloren geht. Und die allgemeine Tabuisierung des Geldes zeigt, wie sehr unsere Abhängigkeit von der Droge Geld verleugnet wird.

Motivationstheorie

Eine andere These ist die der Motivationstheoretiker. Diese besagt, dass das Streben nach Macht einem der Grundantriebe des Menschen entspricht. Geld wird in unserer Kultur vielfach mit Macht gleichgesetzt oder es bringt Macht. Beim Essen verspüren wir irgendwann ein Sättigungsgefühl und können nichts mehr essen. Bei der Sexualität ist auch rein physisch irgendwann ein Zustand erreicht, wo nichts mehr geht. Nur bei der Gier nach Macht/Geld tritt kein wirklicher Sättigungs-, bzw. Befriedigungsgrad ein. (Psychologie Heute 8/2004)

Wahrnehmungsstörung

Andere Spekulationen gehen in die Richtung, dass gierige Menschen einfach die Realität nicht mehr richtig wahrnehmen können. Auch das ist sehr plausibel, denn gierige Menschen handeln oft genug absolut unlogisch, bzw. hören selbst auf die wohlgemeinten Ratschläge von besten Freunden nicht mehr.

Die Eule rät - Fragen Sie sich selbst:

- Welche Bedeutung hat Geld für Sie?
- Für was steht Geld in Ihrem Leben? Kann man das nicht auch anders bekommen?
- Wofür steht Geld in Ihrem Leben? Kann man das nicht auch anders bekommen?
- Wie wüssten Sie, ob Menschen Sie selbst oder nur Ihr Geld mögen?
- Wären Sie wirklich glücklicher, wenn Sie viel Geld hätten?

1.3. „Gratis kann teuer sein!"

„There is no such thing like a free lunch."
Amerikanisches Sprichwort

- Warum sollte mir jemand, den ich nicht kenne, etwas schenken?
- Warum erhalte ich von einer mir fremden Person plötzlich ein Geschenk?
- Welchen Hintergedanken verfolgt mein Gegenüber?

„Nichts ist teurer als das, was du umsonst bekommst."
Aus Japan

Sehen Sie die weissen und grauen Punkte?

Sehen Sie die weissen und grauen Punkte?

Tatsächlich sind sie nicht da, sondern entstehen nur durch unser Bedürfnis, dem Unsichtbaren eine Form zu geben.

Betrüger machen Sie auch Dinge sehen, die nicht da sind.

Gratis ≠ Umsonst

„Wer ein Geschenk annimmt, verliert die Freiheit."
Italienisches Sprichwort

Die etwas Älteren unter den Lesern kennen sie vielleicht noch, diese „Hare Krishna" Jünger in ihren orangen Gewändern, die unermüdlich durch Fussgängerzonen und Flughäfen zogen und ihr „Hare Krishna Rama Rama" erschallen liessen. Sie kamen freudestrahlend auf einen zu, drückten einem ein Buch in die Hand und sagten: „Dies ist ein Geschenk von uns, mein Freund". Ähm ja, so stand man dann da und hatte plötzlich ein Buch in der Hand, das man gar nicht wollte. Und wehe dem, der jetzt dachte mit Danke und Ade wäre es getan und sich davon machen wollte. Mitnichten, denn jetzt trieb der Jünger unsere Schuld ein und liess nicht locker, bis man eine „Spende" in der ihm angemessen scheinenden Höhe machte.

Die Hare Krishnas hatten, wohl unbewusst, das Gesetz der Reziprozität entdeckt und zur „perfekten" Anwendung gebracht.

Reziprozität, keiner kennt sie, aber sie wirkt so zuverlässig wie die Erdanziehungskraft. Diese von uns verinnerlichte Gesetzmässigkeit besagt: „Wenn dir jemand etwas gibt, so musst du ihm etwas zurückgeben!" Das lernen wir von Kind an! Es ist eine wichtige Norm, welche das Zusammenleben in einer Gemeinschaft erleichtern soll. Das ist auch z.B. in Form von Nachbarschaftshilfe eine hervorragende Sache. In orangen Gewändern, als Hare Krishnas, kann sie jedoch schnell zu den apokalyptischen Reitern werden.

Das Joe-gibt-ne-Cola-aus-Experiment

Versuchspersonen wurden unter dem Vorwand, an einer Untersuchung zum Thema Kunstverständnis teilzunehmen, mit Joe, einem anderen vermeintlichen Teilnehmer, zusammengebracht. Irgendwann musste Joe mal den Raum verlassen, kam wieder zurück und brachte einem anderen Teilnehmer eine Cola mit. „Er habe sie gerade im Flur gesehen und gedacht, der Andere möge sicher auch eine." Das „Experiment" lief ab und als es zu Ende war, bat Joe die andere Person darum, ihm einen Gefallen zu tun. Er verkaufe Lose und man könne ein Auto gewinnen. Wenn er mehr Lose verkaufe als die anderen, bekomme er eine Prämie.

Das Ergebnis war: Diejenigen, die eine Cola bekommen hatten, kauften doppelt so viel Lose von ihm, wie die Teilnehmer aus der Kontrollgruppe, welche keine Cola bekommen hatten. Noch erstaunlicher aber war, dass das auch funktionierte, wenn die Teilnehmer, die eine Cola bekommen hatten, zu Protokoll gaben, dass Ihnen Joe eigentlich unsympathisch war.

Menschen sind Energiesparmodelle, sie möchten einen grösstmöglichen Nutzen mit dem geringsten Aufwand erzielen. Das ist normal und OK so. Das Wort „Gratis" hat für uns eine fast magische Wirkung und ist immer ein Blickfang.

Die Eule rät

- Nehmen Sie keine „Geschenke oder Gefälligkeiten" von Fremden an, wenn Sie keine Gegenleistung erbringen können oder wollen!
- Wenn Sie sicher sind, Sie erhalten das „Geschenk oder die Gefälligkeit" nur als taktische Waffe, um Sie zu einem Gegengefallen zu zwingen, brauchen Sie sich dieser unlauteren Absichten nur bewusst zu sein. Das kann Sie aus dem Zwang, etwas zurückzugeben, befreien. Aber Vorsicht, die Regel wirkt tief. Das Geschenk besser zurückweisen!
- Bei „Gratisangeboten" sollten Sie den Vertrag und die AGB (Allgemeinen Geschäftsbedingungen) immer genau lesen. Mitunter ist irgendwo darin doch noch ein Pferdefuss versteckt. Und was Sie unterschrieben haben oder im Internet anklicken (Hiermit anerkenne ich die AGB der Firma XYZ...) kann Folgen haben. Im Zweifel eher verzichten!
- Denken Sie an das Geschenk der Trojaner, da kam auch nichts Gutes raus, im wahrsten Sinne des Wortes!

1.4. „Auch Heuchler müssen sterben...“

„Heuchler, ferne von mir! Besonders du widriger Heuchler, der du mit Grobheit glaubst Falschheit zu decken und List.“
Goethe und Schiller

- Wieso will eine mir fremde Person sich plötzlich bei mir einschmeicheln?
- Ist mein Gegenüber extrem freundlich, verständnisvoll und überschwänglich?
- Braucht er übermässig viele Superlative?

„Das Zeichen eines Heuchlers ist ein dreifaches: Wenn er spricht, lügt er; wenn er verspricht, hält er nicht; und wenn er vertraut, fürchtet er.“
Mohammed

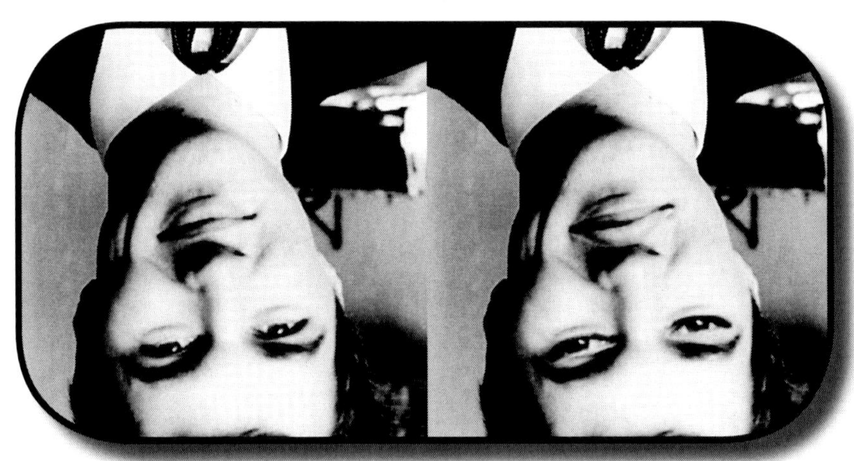

Bild: © Klausi / PIXELIO

Freundliches Lächeln?

Bild: © Klausi / PIXELIO

Das wahre Gesicht der Freundlichkeit!

Betrügern macht es nichts aus, sich auf den Kopf zu stellen, um Sie zu täuschen!

„Jedes Lebewesen liebt seinesgleichen, jeder Mensch den, der ihm ähnlich ist."
Altes Testament

Allzu grosse Freundlichkeit = Vorsicht
„Die Kunst zu gefallen, ist die Kunst zu täuschen."
Marquis de Vauvenargues
Tupperpartys sind die nichtbetrügerische Art, sich das Sympathieprinzip zu Nutze zu machen. Eine Freundin lädt Freundinnen ein, und da sie einen Teil des Erlöses erhält, kauft Frau eigentlich bei der Freundin. Nur dadurch ist Tupperware so erfolgreich geworden. Dort hat man erkannt, dass Sympathie das beste Verkaufsumfeld ist.

Sympathie kann man vor allem auch durch Angleichung erreichen. So wird ein potenzieller Betrüger also „rein zufällig"
- schon da in den Ferien gewesen sein, wo Sie waren.
- in der gleichen Stadt gewohnt haben oder einen Verwandten haben, der da wohnt.
- das gleiche Hobby haben.
- Kinder mit dem gleichen Namen wie Sie haben.
- usw.

Wohlgemerkt, es geht nicht darum, Misstrauen gegen freundliche Menschen zu schüren. Freundlichkeit gehört für einen Kaufmann dazu, nicht umsonst sagen die Chinesen: *"Wer kein freundliches Gesicht hat, darf keinen Laden aufmachen."*

Experiment: Komplimente und Schmeicheleien
Männer mussten sich die Kommentare anderer Männer anhören, welche von ihnen einen Gefallen erwarteten. Einige Männer hörten nur positive Stellungnahmen, andere positive und negative Statements zur eigenen Person und die letzte Gruppe nur Negatives. Drei Ergebnisse kamen dabei heraus:
Die Personen, die nur Positives gesagt hatten, waren am beliebtesten. Auch wenn den Hörern klar war, dass man ihnen das nur sagte, damit sie

einem den Gefallen taten, so machte das fast keinen Unterschied.
Auch wenn die Komplimente gar nicht zutrafen, verfehlten sie doch nicht ihre Wirkung.
(Drachmann, deCarufel & Insko, 1978)

Die Eule rät

- Vorsicht bei allzu grosser Freundlichkeit!
- Vorsicht bei Leuten, die einem allzu ähnlich sein wollen!
- Vorsicht bei Leuten, die viele Komplimente machen!

1.5. „Haben Sie doch ein Herz...“

„Die grossartigste Schwäche des Menschen ist sein Mitleid.“
Thomas Niederreuther

- Wird übermässig an Ihre Hilfsbereitschaft appelliert?
- „Es ist für einen guten Zweck...“
- „Sie könnten wirklich helfen und etwas Gutes tun.“

„Die Menschen sind da, um einander zu helfen, und wenn man eines Menschen Hilfe in rechten Dingen nötig hat, so muss man ihn dafür ansprechen. Das ist der Welt Brauch und heisst noch lange nicht betteln.“
Gotthelf

„Man kann nicht allen helfen, sagt der Engherzige und hilft keinem.“
Ebner Eschenbach

Bild: © Bredehorn.J / PIXELIO

Was sehen Sie?

Nein, der Ballon stürzt nicht ab, es ist nur eine optische Täuschung.
Auch am linken Ballon hängt der Korb unten, man muss nur gut hinsehen.
Betrüger erzeugen manche Katastrophen, auch künstlich!

Bild: © Bredehorn.J / PIXELIO

Mitleid und Mitgefühl werden nur allzu gern von potenziellen Betrügern geweckt

*„Das Schild der Humanität ist die beste,
sicherste Decke der niederträchtigsten Gaunerei."*
Johann Gottfried Seume

Das Vortäuschen einer Notlage oder eines grossen Unglücks ist eine beliebte Methode von Betrügern. Es lässt sich auch einfach erklären, warum das immer wieder so erfolgreich ist. Wir werden als Menschen konditioniert, Mitgefühl zu haben und anderen Menschen in Notlagen zu helfen. Dies ist ein notwendiges Programm für das Miteinanderleben in einer Gemeinschaft. Als Christ ist man zur Nächstenliebe und Hilfe geradezu „verpflichtet". Moslems ist die Hilfe an Bedürftigen genauso anerzogen. Mitunter sind ungeschriebene Gesetze die stärksten.

Menschen reagieren mit einem «Klick-surr» Verhalten wenn sie die Stichworte „für einen guten Zweck" oder „...Helfen Sie..." hören. «Klick-surrs» sind Programme, welche wir alle in uns tragen, welche von einem Schlüsselreiz ausgelöst werden und dann eine bestimmte Handlungsfolge aktivieren. Beispiele:
Reiz : rote Ampel; Handlungsabfolge: Sie bleiben stehen.
Reiz: Kondukteur kommt; Handlungsabfolge: Sie zücken Ihren Fahrschein.
Reiz: Jemand schreit Hilfe; Handlungsabfolge: Sie gehen und helfen.

Experiment Keksverkauf
Für einen guten Zweck sollten auf einem Unigelände Kekse verkauft werden. Der Stand wurde aufgebaut, aber ganz wenige blieben stehen oder kauften gar.
Eine junge Frau wurde damit beauftragt, Passanten anzusprechen und zu fragen: „Möchten Sie gerne einen Keks kaufen?" Das Ergebnis: Nur 2 von 30 kauften etwas.
Anschliessend fragte die junge Frau die Passanten: „Möchten Sie gerne einen Keks kaufen, es ist für einen guten Zweck, das Poverello Haus."

(Eine ansässige und bekannte Organisation, die Obdachlosenspeisungen durchführt.) Das Ergebnis: Jetzt kauften 12 von 30 Angefragten.
Die junge Frau fragte: „Möchten Sie gerne einen Keks kaufen, es ist für einen guten Zweck, das Levine Haus." (Erfundener Name, nämlich der des Versuchsleiters, also kein guter Zweck.) Das Ergebnis verblüffte, denn 11 von 30 kauften etwas.
Kein einziger der Angesprochenen fragte, was denn die jeweiligen Häuser machten.
(Levine 214ff.)

Die Eule rät

- Spenden niemals auf ein Privatkonto machen!
- Nur an Organisationen spenden, die bei www.zewo.ch Mitglied sind!
- Nicht zur Eile treiben lassen!
- Niemals jemandem Geld geben, den Sie nicht persönlich kennen!
- Nicht mit herzerweichenden Geschichten zu etwas überreden lassen!

1.6. „Das machen alle so...“

„Kaufen Sie Scheisse, Milliarden Fliegen können nicht irren...“
Unbekannt

- Betont Ihr Gegenüber immer wieder, wie viele Andere das schon gemacht haben oder erwähnt Prominente?
- „Herr XY macht das auch!“
- „Sogar „DJ Bobo“ benutzt das!“

„Der Sozialismus ist die zu Ende gedachte Herdentier Moral.“
Friedrich Nietzsche

„Wenn Affen alles nachmachen, nennt man das nicht Mode, sondern Nachahmungstrieb.“
Robert Lembke

Bild: public domain

Wen kümmert es, wenn alle etwas auf eine Art sehen!

Bild: public domain

Die meisten Menschen sehen hier einen Entenkopf!
Aber das heisst ja nicht, dass man nicht auch einen Kaninchenkopf sehen kann!
Orientieren Sie sich nicht nur an dem, was die Masse macht oder tut!

Alle machen das ≠ Gut oder richtig

„Der Mensch ist ein nachahmendes Geschöpf und wer der Vorderste ist, führt die Herde." Friedrich Schiller

Pech nur, wenn der Vorderste ein Gauner ist.
Ja, wenn das alle machen, kann es ja nicht so falsch sein. Doch, kann es auch! Versicherungsbetrug wird ja auch immer mehr zum Volkssport. Woher kommt das eigentlich, dass wir glauben, was alle machen, sei schon richtig? Nun, das Prinzip, welches dahinter steht, heisst „Soziale Bewährtheit". Dieses Prinzip ist in Zeiten zunehmender Informationen und komplexerer Lebenswelten immer wichtiger. Wir können nicht in allen Themen Experten sein. Daher müssen wir uns in manchen Bereichen darauf verlassen, was sich sozial bewärt hat. Mehrheiten oder Prominente sind verfügbare Indikatoren für „soziale Bewährtheit". Betrüger neigen dazu, sehr deutlich darauf hinzuweisen, wie viele Menschen das schon gemacht haben oder welcher Prominente das auch macht, denn er weiss nur allzugut um die Kraft der „Sozialen Bewährtheit".

„Wir betrachten ein Verhalten in einer gegebenen Situation in dem Masse als richtig, in dem wir dieses Verhalten bei anderen beobachten."
Robert Cialdini

Kitty Genovese

Ein geradezu erschreckendes Beispiel von sozialer Bewährtheit ist die Geschichte von Kitty Genovese. Catherine Genovese, so ihr richtiger Name, wurde spätabends auf der Strasse überfallen und ermordet. Dabei dauerte dieser Überfall über 35 Minuten und der Täter schlug immer wieder auf das Opfer ein, welches laut schrie und sich wehrte. Woher man weiss, dass es 35 Minuten dauerte? Nun, der Tod von Frau Genovese wurde von nicht weniger als 38 Nachbarn beobachtet. 38 Menschen wie Sie und ich, die zusahen, wie ein Mensch ermordet wurde und nichts unternahmen, um zu helfen. Der Grund war, so zynisch das auch klingen mag, „Soziale Bewährtheit". Die Zuschauer sahen viele andere auch zuschauen, und dann verlässt sich jeder darauf, dass der Andere hilft. Bei grossen Gruppen bedeutet das dann, dass unter Umständen - und wie in diesem Fall - niemand hilft. Man macht das, was die anderen machen. Sozial bewährt eben! Die ganze Geschichte von Kitty Genovese lesen Sie bei Wikipedia: http://de.wikipedia.org/wiki/Kitty_Genovese

Später durchgeführte Experimente bestätigten übrigens, dass die Bereitschaft zur Hilfe desto mehr abnimmt, je mehr Menschen Zeugen des Vorfalls werden. Hoffentlich haben Sie, wenn Sie mal Hilfe brauchen, das Glück, dass nur wenige Menschen anwesend sind und Sie direkt Hilfe bekommen.

Die Eule rät

- Werden Sie hellhörig und kritisch, wenn Ihr Gegenüber immer wieder darauf hinweist, dass das alle machen oder auch Prominente nennt!
- Verlassen Sie sich nicht unabdingbar auf den Autopiloten „Soziale Bewährtheit“, durch einen potenziellen Betrüger mit falschen Daten gefüttert kommen Sie nicht heil ans Ziel!
- Seien Sie auch gegenüber Handlungsweisen, die alle machen, kritisch!

1.7. „Gemeinsamkeit kann verbinden oder fesseln!“

„Gleich und Gleich gesellt sich gern.“
Deutsches Sprichwort

- Ist es nicht merkwürdig, dass mein Gegenüber angeblich viel mit mir gemeinsam hat?
- „Da war ich auch schon in den Ferien.“
- „Meine Oma kommt von da.“

„Die Kunst zu gefallen, ist die Kunst zu täuschen.“
Marquis de Vauvenargues

Auch wenn alles gleich aussieht, so sollte man doch genau hinsehen!

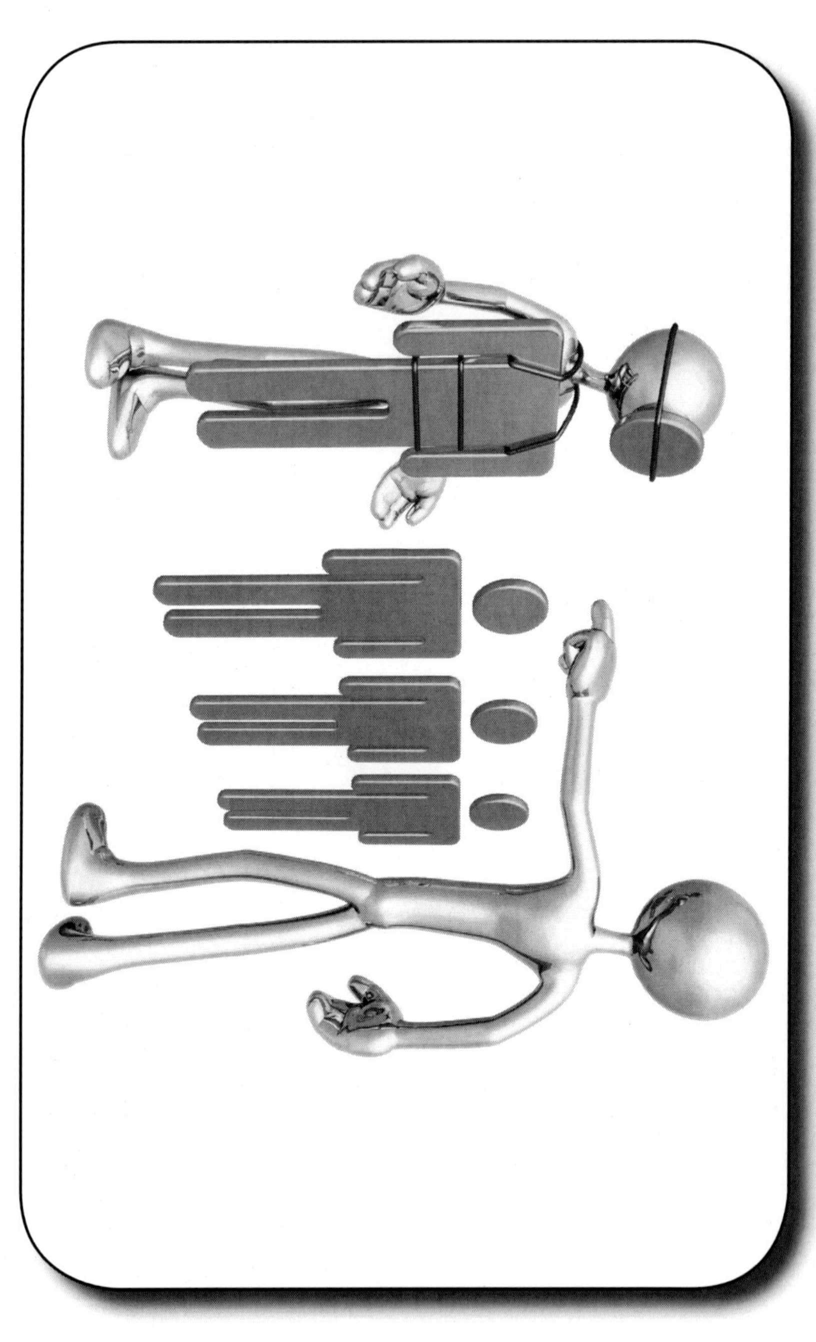

Manchmal ist die Gleichheit nur vordergründig!

Gleich ≠ Gleich

„Jedes Lebewesen liebt seinesgleichen, jeder Mensch den, der ihm ähnlich ist." Altes Testament

Eine der ersten Übungen, welche man macht, wenn man NLP (Neuro Linguistische Programmierung: http://de.wikipedia.org/wiki/Neurolinguistische_Programmierung) lernt, ist, wie man es fördern kann, dass das Gegenüber einen sympathisch findet. Man lernt, einen Rapport herzustellen, das bedeutet, eine gute Beziehung zu etablieren. Man tut dies, indem man sein Gegenüber in seinen Verhaltensweisen, Atmung, Stimmlage, Mimik, Gestik und vieles mehr spiegelt oder nachahmt. Dem liegt die Erfahrung zu Grunde, dass Menschen, die sich mögen, sich im Verlauf einer Kommunikation in den o.g. Verhaltensweisen angleichen.

Haben Sie sich noch nie gefragt, warum Sie manche Menschen sympathisch finden und andere nicht? Nun, grundsätzlich finden wir Menschen sympathisch, die uns ähnlich sind oder gleichen, zu deren Verhalten oder Charaktereigenschaft wir eine Referenz in uns tragen. Dabei ist es unwichtig, ob wir uns dieses Verhaltens oder dieser Charaktereigenschaft bei uns selbst bewusst sind oder nicht. Übrigens haben Menschen, die uns unsympathisch sind, auch etwas mit uns zu tun. Diese leben etwas, was wir an uns selbst verdrängen und nicht akzeptieren.

Ein potenzieller Betrüger wird also immer versuchen, darauf hinzuweisen, wie ähnlich und sympathisch man sich doch ist. Sie erzählen von Ferien und genau da war er auch schon. Sie berichten von einem Hobby und genau das tut er auch oder wollte es auch schon immer tun. Er erfährt, aus welcher Stadt Sie sind und, kaum zu glauben, so ein Zufall, von da kommt seine Mutter oder, ja fast unglaublich, er hat das gleiche Sternzeichen wie Sie... Und das alles nur, um Ihnen ähnlich zu sein, damit Sie ihn sympathisch finden. Denn er weiss:

„Menschen haben eine höhere Bereitschaft, sich von jemandem überzeugen zu lassen, den sie kennen und sympathisch finden."
Robert Cialdini

Gleichheit und Sympathie sind auch deswegen so wichtig, weil wir dadurch Gruppenzugehörigkeiten definieren. Diese tragen zur Bildung unserer sozialen Identität bei. Menschen, die zur gleichen sozialen Gruppe wie wir selbst gehören, die-aus-der-Stadt-XY-kommenden, die-das-Hobby-ZZ-betreibenden, vertrauen wir mehr als Aussenstehenden. (Soziale Identität: http://de.wikipedia.org/wiki/Theorie_der_sozialen_Identit%C3%A4t)

Experiment Fragebogen: Rücklaufquote

In zwei Experimenten wurden Leute angeschrieben mit der Bitte, einen Fragebogen auszufüllen. Ein Robert Greer z.B. bekam seinen Fragebogen durch einen Bob Gregar zugeschickt und eine Cynthia Johnston wurde von einer Cindy Johanson angeschrieben. Die Rücklaufquote verdoppelte sich.
(Garner, 1999)

Untersuchung Versicherungsabschlüsse

Die Wahrscheinlichkeit, eine Versicherung abzuschliessen, stieg in dem Masse, wie der Verkäufer dem Käufer in Alter, Religion, politischer Einstellung und Tabakkonsum gleich war.
(Evans, 1963)

Werbeerfolg

Die Firma Dove, welche Kosmetika vertreibt, hat vor einiger Zeit ihre Werbung drastisch umgestellt und zeigt keine Supermodells mehr. Werbung machen nur noch ganz normale Menschen mit Makeln, wie Sie und ich sie auch haben. Die Verkaufszahlen gingen raketenmässig nach oben. (Quelle: http://www.medianet.at/content7504-38.html)

> *„Die Handlungen anderer dienen uns besonders dann als Orientierungshilfe für unser eigenes Verhalten, wenn wir diese als uns ähnlich betrachten."*
> Robert Cialdini

Die Eule rät

- Bei allzu vielen herbeigeredeten Ähnlichkeiten seitens Ihres Gegenübers sollten Sie misstrauisch werden!
- Fühlen Sie Ihrem Gegenüber bei seinen angeblichen Ähnlichkeiten auf den Zahn!

1.8. „Mehr Schein als Sein..."

„Das ist ein bisschen wie in Hollywood:
Eine grosse Fassade, aber nichts dahinter."
Rudolf Kaske

- Versucht Ihr Gegenüber Sie mit Titel, Kleidung, grossem Auto oder Büro zu beeindrucken?
- Erklärt er Ihnen, welche prominenten Freunde er hat?
- Weist er immer wieder darauf hin, wie viel Geld er schon verdient hat?

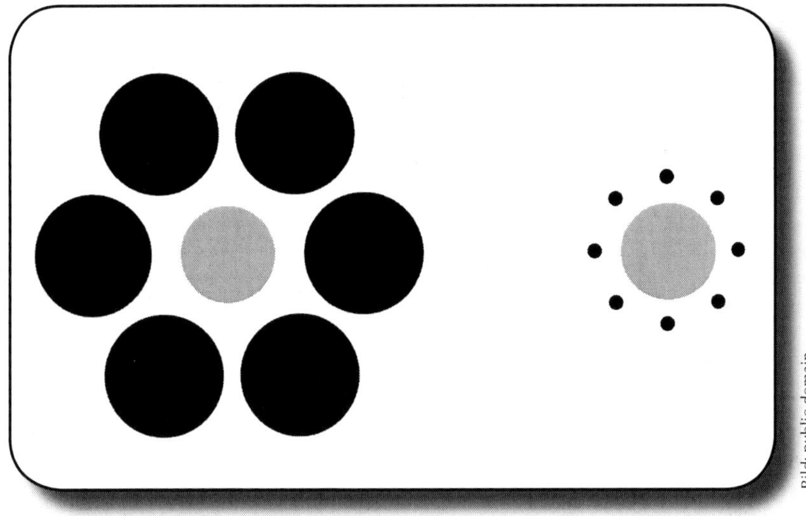

Bild: public domain

Welcher orange Kreis ist grösser?

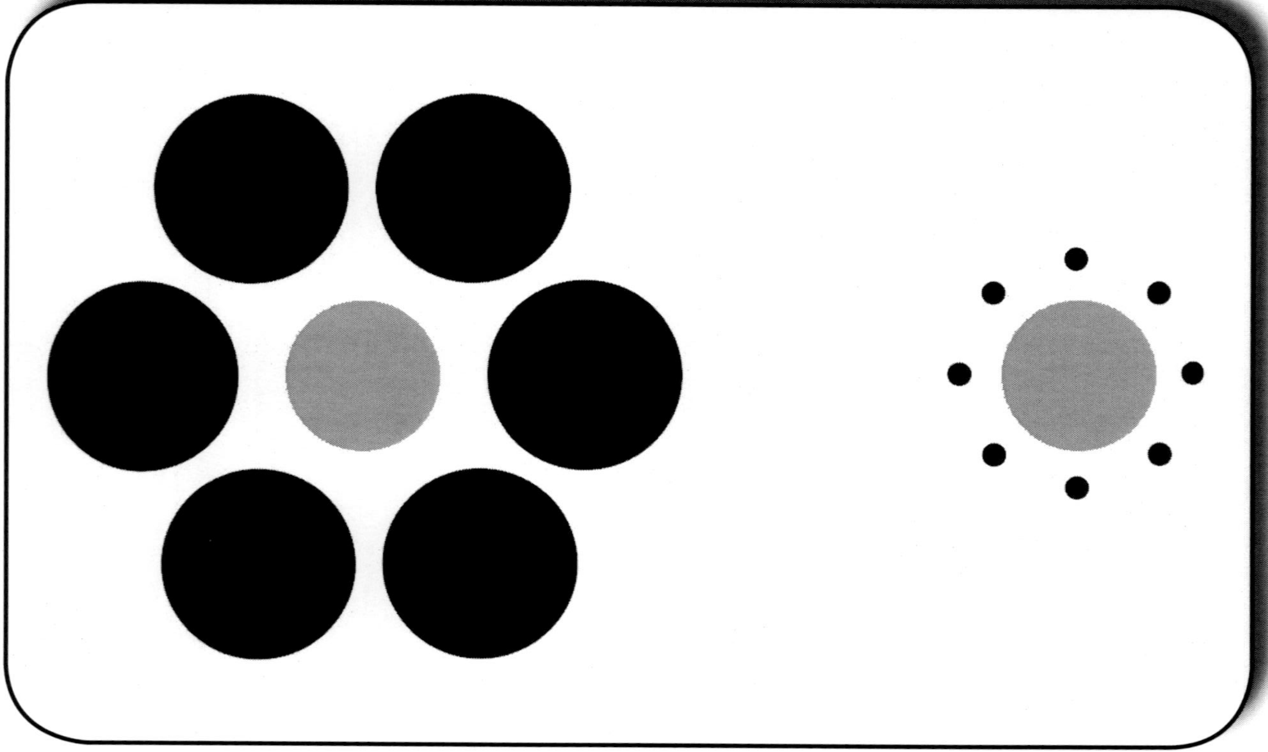

Beide sind gleich gross!

Aber wenn jemand keine Ahnung hat, erscheint jemand mit ein bisschen Ahnung einfach grösser.

Bild: public domain

Autoritäten sind keine Heiligen

„Wer eine Menge grosser Worte gebraucht, will nicht informieren sondern imponieren." Oskar von Miller

Warum sind das Büro eines Vorstandes und sein Schreibtisch immer riesengross? Um zu beeindrucken und Macht zu demonstrieren!

Warum fahren Prominente zu Galas immer in grossen, langen Stretchlimousinen vor? Um ihren Status zu beweisen!

Warum reden „Experten" so, dass kein normaler Mensch sie versteht? Um zu zeigen, dass sie die Experten sind!

Gemäss Wikipedia ist Autorität im weitesten Sinne eine soziale Positionierung, die einer Institution oder Person zugeschrieben wird und dazu führt, dass sich andere Menschen in ihrem Denken und Handeln nach ihr richten. Sie entsteht (durch Vereinbarungen oder Herrschaftsbeziehungen) in gesellschaftlichen Prozessen (Lehrer/Schüler, Vorgesetzter/Mitarbeiter), durch vorausgehende Erfahrungen von Macht, Fähigkeiten, Wissensvorsprung oder durch religiöse Vorgaben.

Wer Autorität hat, bestimmt also, was gemacht wird. Demzufolge wird jeder potenzielle Betrüger versuchen, zumindest Autorität vorzutäuschen.

Der Hauptmann von Köpenick

Im deutschen Sprachraum ist natürlich die Geschichte vom Hauptmann von Köpenick ein Paradebeispiel für Autoritätshörigkeit. Der arme Schuster, der sich auf dem Trödel eine Hauptmannsuniform zusammenkaufte, dann eine Truppe von Soldaten unter sein Kommando stellte und das Rathaus von Köpenick besetzte. Der Husarenstreich gelang problemlos, was wohl nur dank der Macht der Uniform und dem preussischen Gehorsam der Involvierten möglich war. Dutzende von Personen liessen sich vom Schuster in Hauptmannsuniform narren, der es, entgegen der etwas verklärenden Verfilmung, nicht auf einen neuen Pass, sondern doch etwas unedler auf vermutete zwei Millionen Mark im Tresor des Rathauses abgesehen hatte.

Milgram Experiment

Dieses wohl bekannteste sozialpsychologische Experiment hat wegen seiner erschreckenden Ergebnisse traurige Berühmtheit erlangt. Ausgeschrieben war eine Untersuchung über den Zusammenhang von Lernerfolg und Bestrafung. Die eigentlichen Versuchspersonen fungierten als „Lehrer", die „Schüler" und die Versuchsleiter waren in das Experiment eingeweiht. Der „Lehrer" wurde vom Versuchsleiter beauftragt, dem „Schüler" bei falschen Antworten jeweils einen Stromschlag zu geben, welcher bei jeder falschen Antwort um 15 Volt erhöht wurde. Selbstverständlich erhielt der Schüler/Schauspieler keine Stromschläge, sondern tat nur so. Um es kurz zu machen: Trotz eindringlichen Appellen der „Schüler" hörten die „Lehrer" nicht auf, die Stromschläge weiter zu verabreichen, wenn der Versuchsleiter sie dazu aufforderte. Ab 120 Volt fingen die „Schüler" an zu schreien, ab 150 Volt forderten sie den Abbruch, ab 200 Volt gaben sie „Schreie von sich, die das Blut in den Adern gefrieren liessen" und ab 300 Volt hörten die „Lehrer" nur noch Stille. Alle „Lehrer" gingen bis 300 Volt, was auf der Konsole als „schwerer Schock" gekennzeichnet war, 62.5 % waren sogar bereit, Stromschläge in Höhe von 450 Volt, welche auf der Konsole mit XXX gekennzeichnet waren, zu verabreichen. Das Experiment wurde unzählige Male mit allen möglichen unterschiedlichen Versuchspersonen gemacht und brachte immer wieder sehr ähnliche Ergebnisse. Das genaue Experiment und seine Ergebnisse können Sie hier lesen:
http://www.stangl-taller.at/TESTEXPERIMENT/experimentbspmilgram.html

Die Eule rät

- Werden Sie aufmerksam, wenn Ihr Gegenüber ein Feuerwerk an Statussymbolen abfeuert und lassen Sie sich nicht blenden oder einschüchtern!
- Sie haben solange die Macht über die Situation, wie Sie sich bewusst sind, dass Ihr Gegenüber etwas von Ihnen will und nicht umgekehrt!
- Denken Sie daran, das Wort, welches am meisten Stress vermeidet, heisst: NEIN!

1.9. „Entwaffnende Ehrlichkeit..."

„Das Geheimnis des Erfolgs ist Ehrlichkeit.
Wer sie vortäuschen kann, ist ein gemachter Mann."
Kaufmannsregel Irland

- Ist Ihr Gegenüber wirklich so ehrlich?
- Handelt Ihr Gegenüber selbstlos?
- Ist Ehrlichkeit nur eine Masche?

„Zuweilen spricht auch der Teufel die Wahrheit."
Aus Spanien

Bild: public domain

Was sehen Sie?

Natürlich gibt es keine Treppe, die immer nur abwärts oder aufwärts führt!

Das einzige, was abwärts geht, wenn Sie auf einen Betrüger hereinfallen, ist Ihr Bankkonto!

Die Wahrheit kann eine Lüge verdecken

„Mit seiner Ehrlichkeit brachte er die Wahrheit jedesmal in Verlegenheit und zwang sie zu einer Notlüge." Nikolaus Cybinski

Potenzielle Betrüger sind natürlich sehr darauf aus, dass Sie sie für ehrlich halten. Denn Ehrlichkeit ist die Grundlage jeglicher Geschäftsbeziehung. Potenzielle Betrüger, die „ihr Handwerk verstehen", wissen, dass man Ehrlichkeit auch hervorragend als Taktik einsetzen kann. Oberste Regel: Beweise deinem Gegenüber, dass du auf seiner Seite stehst und mache ihm ein Geständnis über eine deiner Schwächen oder die des Produktes, das du verkaufen möchtest. Damit hat der potenzielle Betrüger sein Opfer schon mehrheitlich in der Tasche, denn wir alle können uns dieser „Ehrlichkeit" nicht entziehen. Die Ehrlichkeit funktioniert hier wie ein Geschenk und setzt das Reziprozitätsprinzip in Gang.

Der reuige Sünder

Die persönliche Erfahrung eines Freundes mit Betrügern geht genau auf dieses Prinzip zurück. Auf einer Messe lernte er jemanden kennen, der an seinem Produkt interessiert war. In einem Gespräch gab der Interessent dann sehr schnell zu, dass er schon mal mit den Behörden Konflikte gehabt hatte wegen Steuerunregelmässigkeiten. Das sagte er natürlich sehr zerknirscht und reuig. Von soviel Ehrlichkeit entwaffnet, vertraute der Kollege ihm und war 4 Monate später um ein nettes Sümmchen ärmer und um eine Erfahrung reicher und wir um ein Beispiel.

Der smarte Kellner

Kellner werden in den USA verzehr- und trinkgeldabhängig bezahlt. Kein Wunder, dass sie Tricks entwickeln, um beide Posten in die Höhe zu treiben. Eine Taktik besteht nun darin, bei einer Gruppe von Gästen bei der ersten Bestellung dem ersten Gast unter Hinweis auf die Qualität und die Frische ein anderes, günstigeres Gericht zu empfehlen, ihm also gegen das eigene Interesse eine Empfehlung abzugeben. Nachdem der Kellner sich so auf die Seite der Gäste „geschlagen" hat und die das vor allem auch

noch glauben, kann er jetzt als Experte-Freund den anderen empfehlen, was er will und ihnen zusätzlich noch einen teuren Wein und Desserts dazu verkaufen. Erfolg garantiert, denn hier wird nicht nur das Reziprozitätsprinzip aktiviert, sondern er empfiehlt sich auch noch als Experte mit intimen Kenntnissen.
(Cialdini 287,ff)

Die Eule rät

- Aufgepasst bei zuviel Ehrlichkeit!
- Fragen Sie sich: „Wem nützt diese Ehrlichkeit letztendlich?“

1.10. „Nur für Sie...."

„Dummheit ist auch eine Form der Exklusivität."
Moritz Heimann

- Gibt Ihnen Ihr Gegenüber exklusive Informationen, die er angeblich nur Ihnen gibt?
- Gilt das Angebot nur für Sie?
- Sind Sie der Einzige, dem dieses Geschäft angeboten wird?

Was sehen Sie?

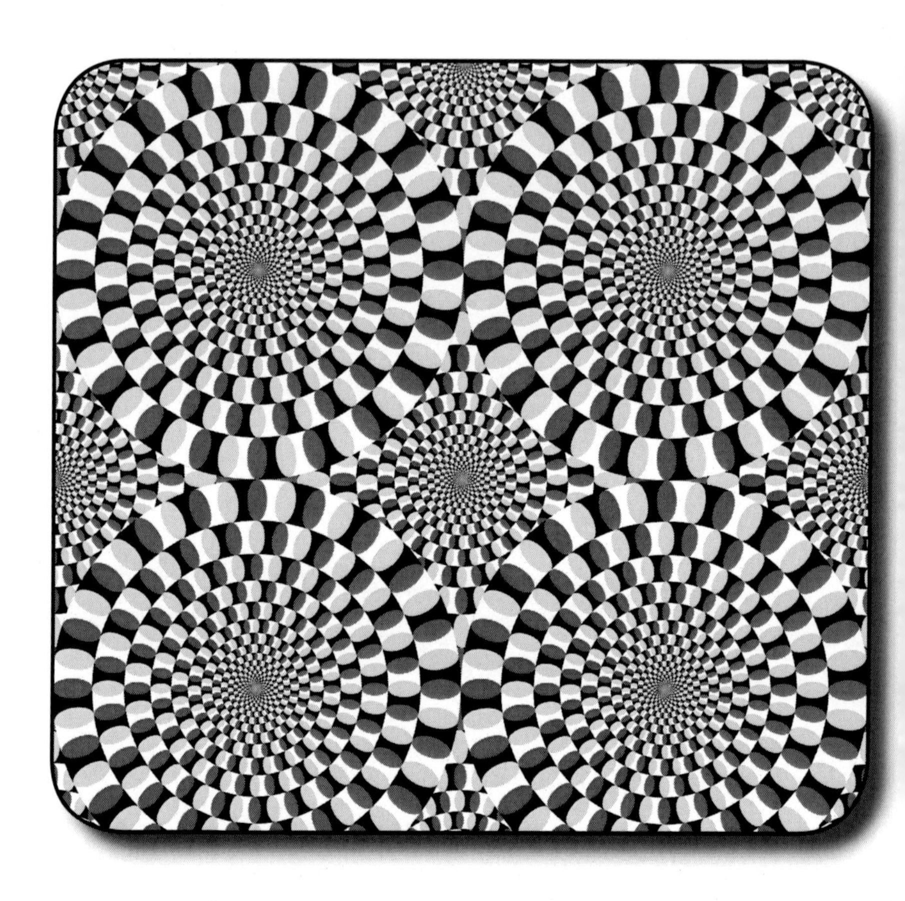

Sehen Sie die sich drehende Spiralen? Zwei mal falsch!
1. Es sind konzentrische Kreise und 2. bewegen sie sich nicht!

Potenzielle Betrüger nähren gerne gewisse Illusionen!

Exklusiv muss nicht wohlgemeint sein

„Exklusive Informationen für Journalisten sind die vornehmste Art der Bestechung."
Conrad Ahlers

„Ich dürfte das ja eigentlich nicht sagen, aber weil Sie es sind, gebe ich Ihnen und nur Ihnen diese Information. Dieses Angebot wird es bald gar nicht mehr geben."
Hier macht sich der potenzielle Betrüger direkt mehrere Gesetzmässigkeiten zu eigen. Zum einen wieder das Reziprozitätsprinzip, indem er Ihnen eine „wertvolle" Information „schenkt", womit er Sie zu einer Rückschenkung verpflichtet.
Zum anderen auch noch das Knappheitsprinzip. Dieses besagt: Informationen oder Ressourcen, die nicht für alle verfügbar sind, haben für Menschen einen höheren Stellenwert und sind wertvoller als solche, die für alle verfügbar sind, wobei Ressourcen, die knapp zu werden drohen, noch begehrter sind als solche, die schon immer knapp waren.
Kein Wunder, sicher ist Ihnen Gold auch wertvoller als Dosenblech. Je knapper, desto wertvoller.

Fleischimport Test

Die Kunden einer Fleischimportfirma, alles selbst Einkäufer, wurden von Verkäufern angerufen und ihnen wurden drei verschiedene Angebote gemacht:

1. Die Kunden bekamen die üblichen Angaben über die Ware und Handelskonditionen, bevor sie bestellten.
2. Diese Gruppe wurde zusätzlich darüber informiert, dass es in den kommenden Monaten zu einer Verknappung mit importiertem Rindfleisch kommen werde.
3. Dieser Gruppe wurden alle Informationen der ersten und zweiten Gruppe gegeben plus die Information, dass die Verknappungsinformation nicht allgemein bekannt war und sie nur wenigen zur Verfügung stehe.

Die Ergebnisse hätten eindeutiger nicht sein können. Während die erste Gruppe normal orderte, kaufte die zweite Gruppe mehr als doppelt soviel ein. Die dritte Gruppe bestellte sechs mal soviel wie die erste Gruppe! Sie hatte ja die Verknappung im Doppelpack erhalten: Ware und Information waren knapp.
(Knishinsky, 1982)

Die Eule rät

- Nehmen Sie sich Zeit, angeblich exklusive Informationen auf ihre Richtigkeit zu prüfen!
- Prüfen Sie Informationen über bevorstehende Verknappungen, bevor Sie darauf reagieren!
- Fragen Sie sich: „Wie wichtig wäre das Gut für mich, wenn es nicht knapp wäre und ich nicht „exklusiv“ davon erfahren hätte?“

1.11. „Ich beschütze Sie..."

„Vorsicht und Misstrauen sind gute Dinge, nur sind auch ihnen gegenüber Vorsicht und Misstrauen nötig."
Christian Morgenstern

- Jagt Ihnen Ihr Gegenüber zuerst Angst vor etwas ein und bietet dann eine Lösung für diese Angst?
- „Gegen die kleine Gebühr von..."
- „Natürlich ist es nicht ganz einfach, daher..."

Bild: public domain

Was sehen Sie?

Bild: public domain

Tatsächlich ist es eine Dame vor einem Spiegel!
Was einem im ersten Moment Angst macht, kann sich bei näherem Hinsehen als harmlos herausstellen!

Angst ist ein schlechter Ratgeber

„Wer Angst hat, denkt nicht, wer Angst hat, lernt nicht.“
Horst-Eberhard Richter

Angst ist eine psychische Reaktion auf eine befürchtete Bedrohung. Um diese Angst wieder loszuwerden, sind wir bereit, eine Menge zu unternehmen. Leider oft mitunter sogar irrationale Dinge, welche wir, nicht unter dem Einfluss der Angst stehend, so nie gemacht hätten.

Werbung oder Verkaufsmethoden, die Angst auslösen oder nutzen, sind in der Schweiz verboten.

Beispiel Versicherungsmakler

Schwarze Schafe unter den Versicherungsmaklern nutzen Angst als Verkaufsmethode. Sie entwerfen düstere Szenarien der Unterversorgung bei der Rente, welche sie mit dunklen Grafiken untermauern. Auch für den Verkauf von Lebensversicherungen ist diesen potenziellen Betrügern die Verkaufsmethode Angst gerade recht. Da wird das Schicksal der armen, trauernden Hinterbliebenen in grauenvollen Details der Armut ausgeschmückt.

Beispiel Anlageberater

Unseriöse Anlageberater, die Ihnen einen Verlust mitteilen müssen, versuchen Ihnen dann weiteres Geld aus der Tasche zu ziehen, indem sie Ihnen eröffnen, dass sonst alles Geld verloren sei.

Beispiel Heilmittelverkäufer

Unredliche Heilmittelverkäufer versuchen, Ihnen Angst zu machen, dass Sie bei einer bestimmten Krankheit nur dieses oder jenes Präparat von ihnen brauchen. Auch soll man sich bloss nicht auf die Schulmedizin verlassen, da sonst der baldige Tod droht.

Die Eule rät

- Treffen Sie keine Entscheidungen im Zustand der Angst, oder die auf Angst beruhen!
- Prüfen Sie die Argumente der Angstmacher sorgfältig und holen Sie unabhängige Drittmeinungen ein!

2. Opfermerkmale und Glaubenssätze von potentiellen Betrugsopfern

Das typische Betrugsopfer gibt es nicht. Viele verschiedene Faktoren kommen zusammen, bis es zu einem Betrug kommt. Ein Persönlichkeitsmerkmal, welches im Allgemeinen als positiv bewertet wird, z.B. starkes Selbstbewusstsein, kann in einem Betrugskontext zum Nachteil werden. Die nachfolgende Aufstellung soll uns den Spiegel vorhalten, denn die aufgeführten Eigenschaften treffen mehr oder weniger auf uns alle schon mal zu. In der Kombination mit bestimmten Situationen und Betrugsmerkmalen liegt dann die Gefahr, Opfer von Betrügern zu werden. Also seien Sie kritisch und beim Lesen der Liste auch selbstkritisch.

2.1. „Das steht mir zu!"

„Nicht Ehrfurcht vor den Gesetzen, nicht Scheu, noch Scham besitzt, wer gierig Schätzen nachjagt." Decimus Junius Juvenal
Lesen Sie hierzu mehr auf Seite 68.

2.2. „So was gibt es doch nicht!"

„Lernet Klugheit, ihr Einfältigen, und ihr Toren lernet Verstand."
Sprüche 8,5
Lesen Sie hierzu mehr auf Seite 70.

2.3. „Ist das echt so einfach?"

„Wenn jemand hinterher der Dumme ist, kann er sicher sein, dass er es schon vorher war." Unbekannt
Lesen Sie hierzu mehr auf Seite 72.

2.4. „Ich bin ein Glückskind!"

„Ein Optimist ist ein Mensch ohne Geld, der ein Dutzend Austern bestellt, in der Hoffnung, sie mit der Perle, die er darin findet, bezahlen zu können." Theodor Fontane
Lesen Sie hierzu mehr auf Seite 74.

2.5. „Alle Menschen sind gut!“

„Philanthrop - Reicher (und gewöhnlich kahlköpfiger) alter Gentlemen, der sich dazu erzogen hat, zu grinsen, während sein Gewissen (der Gauner) ihm die Taschen plündert.“ Ambrose G. Bierce

Lesen Sie hierzu mehr auf Seite 76.

2.6. „Mir passiert schon nichts!“

„Es gehört zu der grausamen Ironie des Lebens, dass wir genau dann am verwundbarsten sind, wenn wir uns am wenigsten gefährdet fühlen.“
Robert Levine

Lesen Sie hierzu mehr auf Seite 78.

2.7. „Mich kann keiner hereinlegen!“

„Der geschickte Betrüger nährt die Illusion, dass das Opfer über jede Manipulation erhaben ist.“ Robert Levine

Lesen Sie hierzu mehr auf Seite 80.

2.8. „Den Trick kannte ich noch nicht!“

„Gefahr erkannt, Gefahr gebannt!“ Deutsches Sprichwort

Lesen Sie hierzu mehr auf Seite 82.

2.9. „Ja, Sie haben recht: 2+2 = 5!“

„Allen ist das Denken erlaubt. Vielen bleibt es erspart.“ Curt Goetz

Lesen Sie hierzu mehr auf Seite 84.

2.10. „Mir macht keiner was vor!“

„Ein jeder sieht nur, was er zu sehen vermag.“ Johann W. Goethe

Lesen Sie hierzu mehr auf Seite 86.

2.11. „Immer passiert mir so was!“

„Jammern füllt keine Kammern.“ Deutsches Sprichwort

Lesen Sie hierzu mehr auf Seite 88.

2.12. „Ich bekomme ja nie, was mir zusteht!“
„Wer nicht mit dem zufrieden ist, was er hat, der wäre auch nicht mit dem zufrieden, was er haben möchte.“ Berthold Auerbach
Lesen Sie hierzu mehr auf Seite 90.

2.13. „Irgendwann wird es mir finanziell auch besser gehen!“
„Hoffnung - Fusion von Gier und Erwartung.“ Ambrose G. Bierce
Lesen Sie hierzu mehr auf Seite 92.

2.14. „Ich will auch, was alle anderen haben!“
„Der Neid der Menschen zeigt an, wie unglücklich sie sich fühlen, und ihre beständige Aufmerksamkeit auf fremdes Tun und Lassen, wie sehr sie sich langweilen.“ Arthur Schopenhauer
Lesen Sie hierzu mehr auf Seite 94.

2.15. „No Risk, no Fun!“
„Wer sich gern in Gefahr begibt, kommt darin um.“ Jesus Sirach 3, 27
Lesen Sie hierzu mehr auf Seite 96.

2.1. „Das steht mir zu!“

„Gier ist meine Lieblingssünde, damit kriege ich sie alle!“
Angeblich der Teufel

Gerade der Dagobert Duck in uns ist es, der uns in Gefahr bringt, Betrügern aufzusitzen. Das in unserer Gesellschaft hohe Ideal: „Wer viel hat, ist viel wert!“ ist ein beliebter Hebelpunkt von Betrügern. Gier und Geiz können sehr kraftvolle Gefühle sein, die eine grosse Motivation in sich tragen. Betrüger wissen darum und nutzen das aus.

Der Hund und das Stück Fleisch

Ein grosser Hund hatte einem kleinen, schwächlichen Hündchen ein dickes Stück Fleisch abgejagt. Er brauste mit seiner Beute davon. Als er über eine schmale Brücke lief, fiel zufällig sein Blick ins Wasser. Wie vom Blitz getroffen blieb er stehen, denn er sah unter sich einen Hund, der gierig seine Beute festhielt.

„Der kommt mir zur rechten Zeit", sagte der Hund auf der Brücke, „heute habe ich wirklich Glück. Sein Stück Fleisch scheint noch grösser zu sein als meins."

Gefrässig stürzte sich der Hund kopfüber in den Bach und biss nach dem Hund, den er von der Brücke aus gesehen hatte. Das Wasser spritzte auf. Er ruderte wild im Bach umher und spähte hitzig nach allen Seiten. Aber er konnte den Hund mit dem Stück Fleisch nicht mehr entdecken, er war verschwunden.

Da fiel dem Hund sein soeben erbeutetes, eigenes Stück ein. Wo war es geblieben? Verwirrt tauchte er unter und suchte danach.

Doch vergeblich, in seiner dummen Gier war ihm auch noch das Stück Fleisch verlorengegangen, das er schon sicher zwischen seinen Zähnen gehabt hatte! (Aesop)

Die Eule meint

„Wer zufrieden ist, kann nie zugrunde gerichtet werden."
Laotse

2.2. „So was gibt es doch nicht!"

„Lernet Klugheit, ihr Einfältigen, und ihr Toren lernet Verstand."
Sprüche 8,5

Immer da, wo wir träumen und Fantasieschlösser bauen, sind wir auch verwundbar. Ein Sprichwort sagt: *„Der Bau von Luftschlössern kostet nichts. Aber ihre Zerstörung ist sehr teuer."* Bauen Sie Luftschlösser mit Freunden und nicht mit Fremden. Seien Sie kritisch, wenn ein Fremder Ihnen die Erfüllung Ihrer Wünsche und Träume verspricht. Seien Sie wachsam, wenn er sich dabei noch selbstlos darstellt.

Der Fuchs und der Esel

Ein Esel warf einmal eine Löwenhaut um sich herum, lustwandelte mit stolzen Schritten im Wald und schrie sein ‚Ia Ia' aus allen Kräften, um die anderen Tiere in Schrecken zu versetzen. Alle erschraken, nur der Fuchs nicht. Dieser trat keck vor ihn hin und höhnte ihn: „Mein Lieber, auch ich würde vor dir erschrecken, wenn ich dich nicht an deinem ‚Ia' erkannt hätte. Ein Esel bist und bleibst du!"

Mancher Einfältige in prächtigem Gewande gälte mehr, wenn er schwiege, denn: Mit Schweigen sich niemand verrät! (Aesop)

Die Eule meint

„Es ist gut, wenn das Herz naiv ist, aber nicht der Kopf."
Anatole France

2.3. „Ist das echt so einfach?“

„Wenn jemand hinterher der Dumme ist, kann er sicher sein, dass er es schon vorher war.“
Unbekannt

Die Tatsache, dass sich etwas logisch anhört, bedeutet nicht, dass es auch logisch ist! Betrüger können einen so voll quasseln, dass man am Schluss alles glaubt, selbst, dass die Welt eine Scheibe ist. Sie haben ausserdem ein Gespür dafür, die Unwissenheit ihrer Opfer auf einem bestimmten Gebiet auszunutzen. Immer da, wo wir uns nicht auskennen und sich ein Betrüger als Fachmann ausgibt, sind wir geneigt, ihm zu glauben. Holen Sie also am besten eine Zweitmeinung ein.

„Vernunft muss sich jeder selbst erwerben. Dummheit pflanzt sich gratis fort.“
Erich Kästner

Das Girren der Taube

Die Taube und das Huhn hatten beide ihr Nest; aber die Taube hatte zehn Eier und das Huhn nur zwei. Da fing das Huhn an, die Taube mit List zu einem Tauschhandel zu überreden. Endlich ging denn auch diese auf den Vorschlag ein: Sie gab dem Huhn ihre zehn Eier und erhielt dafür die zwei Hühnereier. Doch bald merkte die Taube, wie sehr sie durch die Arglist des Huhnes geschädigt worden war, und bereute den einfältigen Tausch.

Noch heutigen Tages trauert und jammert sie darüber! (Aesop)

Die Eule meint

„Leichtgläubigkeit ist eines Mannes Schwäche und eines Kindes Stärke."
Charles Lamb

2.4. „Ich bin ein Glückskind!"

„Ein Optimist ist ein Mensch ohne Geld, der ein Dutzend Austern bestellt, in der Hoffnung, sie mit der Perle, die er darin findet, bezahlen zu können."
Theodor Fontane

Optimismus ist eine schöne Lebenseinstellung, hoffnungsloser Optimismus kann hingegen gefährlich sein. Wie jeder Glaubenssatz, wirkt auch hoffnungsloser Optimismus als Wahrnehmungsfilter, der nur das in unser Bewusstsein dringen lässt, was wir ohnehin glauben. So werden alle Menschen zu Freunden und wir sehen Gefahren nicht mehr. Damit werden wir zum beliebten Ziel von Betrügern.

Der Hahn und der Diamant

Ein hungriger Hahn scharrte auf einem Misthaufen nach Fruchtkörnern und fand einen Diamanten. Unmutig stiess er ihn beiseite und rief aus: „Was nützt einem Hungrigen ein kostbarer Stein; sein Besitz macht wohl reich, aber nicht satt. Wie gerne würde ich diesen Schatz um nur einige Gerstenkörner geben."

Das Stücklein Brot, das dich ernährt, ist mehr als Gold und Perlen wert! (Aesop)

(Sie haben es gemerkt, die Geschichte passt nicht ganz zum konkreten Thema, wohl aber zum Thema Betrug im Generellen; aber wir haben keine passende gefunden. Hoffentlich hat sie Sie trotzdem zum Nachdenken inspiriert.)

Die Eule meint

„Optimismus gepaart mit Vertrauensseligkeit ist gefährlich!"
Unbekannt

2.5. „Alle Menschen sind gut!“

„Philanthrop - Reicher (und gewöhnlich kahlköpfiger) alter Gentlemen, der sich dazu erzogen hat, zu grinsen, während sein Gewissen (der Gauner) ihm die Taschen plündert. “
Ambrose G. Bierce

Gerade in unserer heutigen Zeit macht sich wieder ein Gutmensch-Denken breit. Die Menschen wünschen sich eine heile Welt inmitten des Chaos und der Veränderung. Hier können Betrüger mit ihren Versprechen von heiler Welt, rosiger Zukunft und einem Ende der Sorgen ansetzen und ihre Opfer eingarnen. Seien Sie Heilsversprechungen gegenüber skeptisch.

Die beiden Frösche

Zwei Frösche, deren Tümpel die heisse Sommersonne ausgetrocknet hatte, gingen auf die Wanderschaft. Gegen Abend kamen sie in die Kammer eines Bauernhofs und fanden dort eine grosse Schüssel Milch vor, die zum Abrahmen aufgestellt worden war. Sie hüpften sogleich hinein und liessen es sich schmecken.

Als sie ihren Durst gestillt hatten und wieder ins Freie wollten, konnten sie es nicht: die glatte Wand der Schüssel war nicht zu bezwingen, und sie rutschten immer wieder in die Milch zurück.

Viele Stunden mühten sie sich nun vergeblich ab und ihre Schenkel wurden allmählich immer matter. Da quakte der eine Frosch: „Alles Strampeln ist umsonst, das Schicksal ist gegen uns, ich geb's auf!" Er machte keine Bewegung mehr, glitt auf den Boden des Gefässes und ertrank. Sein Gefährte aber kämpfte verzweifelt weiter, bis tief in die Nacht hinein. Da fühlte er den ersten festen Butterbrocken unter seinen Füssen, er stiess sich mit letzter Kraft ab und war im Freien.

Durchhalten wird belohnt! (Aesop)

(Sie haben es gemerkt, die Geschichte passt nicht ganz zum konkreten Thema, wohl aber zum Thema Betrug im Generellen; aber wir haben keine passende gefunden. Hoffentlich hat sie Sie trotzdem zum Nachdenken inspiriert.)

Die Eule meint

„Ein mancher möchte nur an das Gute im Anderen glauben, weil er es in sich selbst nicht zu sehen vermag."
Sprichwort

2.6. „Mir passiert schon nichts!“

„Es gehört zu der grausamen Ironie des Lebens, dass wir genau dann am verwundbarsten sind, wenn wir uns am wenigsten gefährdet fühlen.“
Robert Levine

Es ist schon interessant, dass gemäss amerikanischen Studien die meisten Leute glauben, dass ihnen weniger schnell etwas passiert als ihren Mitmenschen. (Levine S.20ff) Das geht quer durch alle möglichen Einschätzungskategorien von Krankheit oder Scheidung, über Opfer eines Verbrechens werden oder sogar das eigene vermutete Alter zum Zeitpunkt des Todes. Und das alles scheinbar nur um gerade diesen Gedanken, nämlich an den eigenen Tod, herauszuschieben. Wer sich für unverwundbar hält, kann unter Umständen schnell und schmerzhaft eines besseren belehrt werden.

Der Hirsch

Ein einäugiger Hirsch weidete gewöhnlich auf Wiesen neben dem Meer, und zwar so, dass er immer das gesunde Auge landwärts hielt und wähnte, von der Seeseite her habe er keine Gefahr zu fürchten. Das Schicksal hatte es anders beschlossen.

Eines Tages segelte ein Schiff bei ihm vorbei, und da sein gesundes Auge dem Lande zugekehrt war, so bemerkte er es nicht und weidete nichts ahnend fort.

Kaum hatten die Schiffer aber die köstliche Beute erblickt, als sie auch schon Pfeile nach ihm abschossen. Ein Pfeil traf ihn gerade ins Herz, und zusammenstürzend rief er aus: „Wie sehr habe ich mich getäuscht, dass ich nur vom Lande her Gefahr erwartete."

Nur zu oft weicht man vorsorglich einer Gefahr aus und gerät dabei unvorsichtig in eine andere! (Aesop)

Die Eule meint

„Nur die Seele, in ihrer reinsten Form, ist unverletzbar."
Sprichwort

2.7. „Mich kann keiner hereinlegen!“

„Der geschickte Betrüger nährt die Illusion,
dass das Opfer über jede Manipulation erhaben ist.“
Robert Levine

Haben Sie schon mal jemanden getroffen, der von sich behauptet, man könne ihn leicht manipulieren? Also ich nicht! Aber wer ist es denn, der manipuliert wird? Irgend jemand muss es doch sein. Na ja, wahrscheinlich halt die Anderen.... Oder?

Rabe und Fuchs

Ein Rabe hatte einen Käse gestohlen, flog damit auf einen Baum und wollte dort seine Beute in Ruhe verzehren. Da es aber der Raben Art ist, beim Essen nicht schweigen zu können, hörte ein vorbeikommender Fuchs den Raben über dem Käse krächzen. Er lief eilig hinzu und begann den Raben zu loben: „O Rabe, was bist du für ein wunderbarer Vogel! Wenn dein Gesang ebenso schön ist wie dein Gefieder, dann sollte man dich zum König aller Vögel krönen!"

Dem Raben taten diese Schmeicheleien so wohl, dass er seinen Schnabel weit aufsperrte, um dem Fuchs etwas vorzusingen. Dabei entfiel ihm der Käse. Den nahm der Fuchs behänd, frass ihn und lachte über den törichten Raben.

Hüte dich vor allzu schmeichelhaftem Gerede, auch Komplimente sind selten gratis! (Aesop)

(Sie haben es gemerkt, die Geschichte passt nicht ganz zum konkreten Thema, wohl aber zum Thema Betrug im Generellen; aber wir haben keine passende gefunden. Hoffentlich hat sie Sie trotzdem zum Nachdenken inspiriert.)

Die Eule meint

*„Ich mache immer nur das, was ich will,
sprach der Lemming und hüpfte von der Klippe."*

2.8. „Den Trick kannte ich noch nicht!“

„Gefahr erkannt, Gefahr gebannt!“
Deutsches Sprichwort

Nur wer die möglichen Gefahren kennt und sich mit ihnen auseinandersetzt, kann auch angemessen auf diese reagieren. Denn schon Goethe sagt: *„Was ist Vorsicht? Die Gefahr lässt sich nicht auslernen!“* Lesen Sie also auch den Bereich Betrugsmerkmale!

Der Eber und der Fuchs

Ein Fuchs sah einen Eber seine Hauer an einem Eichstamme wetzen und fragte ihn, was er da mache, da er doch keine Not, keinen Feind vor sich sehe?

„Wohl wahr", antwortete der Eber, „aber gerade deswegen rüste ich mich zum Streit; denn wenn der Feind da ist, dann ist es Zeit zum Kampf, nicht mehr Zeit zum Zähnewetzen."

Bereite dich im Glück auf das künftige Unglück; sammle und rüste in guten Tagen auf die schlimmern. (Aesop)

Die Eule meint

„Die Vorsicht stellt der List sich klug entgegen."
Johann W. Goethe

2.9. „Ja, Sie haben recht: 2+2 = 5!“

„Allen ist das Denken erlaubt. Vielen bleibt es erspart.“
Curt Goetz

Ist es nicht mitunter erschreckend, wie unkritisch manche Menschen durchs Leben gehen? Sicher, in unserer heutigen, immer komplexer werdenden Zeit ist man immer mehr gefordert und deshalb froh, wenn man sich nicht über alles Gedanken machen muss. Vielleicht hat ja auch deshalb Henry Ford d. Ä gesagt: *„Denken ist die schwerste Arbeit, die es gibt. Dies ist wahrscheinlich auch der Grund dafür, dass sich so wenige damit beschäftigen?“* Die Kunst bestehe darin, die richtigen Dinge zu hinterfragen.

Der Fuchs und der Bock
Ein Bock und ein Fuchs gingen in der grössten Hitze miteinander über die Felder und fanden, von Durst gequält, endlich einen Brunnen, jedoch kein Gefäss zum Wasserschöpfen. Ohne sich lang zu bedenken, sprangen sie, der Bock voraus, hinunter und stillten ihren Durst. Nun erst begann der Bock umherzuschauen, wie er wieder herauskommen könnte. Der Fuchs beruhigte ihn und sagte: „Sei guten Muts, Freund, noch weiss ich Rat, der uns beide retten kann! Stelle dich auf deine Hinterbeine, stemme die vorderen gegen die Wand und recke den Kopf recht in die Höhe, dass die Hörner ganz aufliegen, so kann ich leicht von deinem Rücken hinausspringen und auch dich retten!"

Der Bock tat dies alles ganz willig. Mit einem Sprung war der Fuchs gerettet und spottete nun des Bocks voll Schadenfreude, der ihn hingegen mit Recht der Treulosigkeit beschuldigte. Endlich nahm der Fuchs Abschied und sagte: „Ich sehe schlechterdings keinen Ausweg zu deiner Rettung, mein Freund! Höre aber zum Dank meine Ansicht: Hättest du so viel Verstand gehabt als Haare im Bart, so wärest du nie in diesen Brunnen gestiegen, ohne auch vorher zu bedenken, wie du wieder herauskommen könntest!"

Vorgetan und nachbedacht, hat manchen in gross Leid gebracht!
(Aesop)

Die Eule meint

„Wenn jemand hinterher der Dumme ist, kann er sicher sein, dass er es schon vorher war."
Unbekannt

2.10. „Mir macht keiner was vor!“

„Ein jeder sieht nur, was er zu sehen vermag.“
Johann W. Goethe

Wer glaubt, er könne alles durchschauen, könnte bald feststellen, dass er keinen Durchblick hatte. Gerade diese Selbstüberschätzung wird gerne von Betrügern genährt, indem sie das Opfer glauben machen, es sei viel zu clever, um betrogen zu werden. Und Schwupps ist es passiert.

Der Adler und der Sperber

Zu einem Sperber sagte prahlerisch ein Aar: „An Schärfe des Blickes kann sich kein Tier mit mir vergleichen!"

„Wohl möglich", entgegnete der Sperber, „doch lass' uns in die Lüfte steigen, um es zu erproben!"

Der Adler war zufrieden und beide schwangen sich in den Äther empor und kreisten über einem Tale.

„Siehst du die Körner dort ausgestreut tief unten auf der Heide?" fragte der Aar seinen Begleiter.

„In der Entfernung willst du die Körner sehen?" fragte spottend der Sperber.

Statt zu antworten, schwebte der Adler hinab in die Tiefe. Jauchzend stürzte er sich dort auf Körner, die über die kahle Erde verstreut waren. Ehe er sich's aber versah, hatte er sich in einem Netze gefangen. Von dem hatte er in seinem blinden Eifer nichts gewahrt.

Der Sperber, der ihm gefolgt war, erblickte ihn als Gefangenen, der sich vergeblich anstrengte, sich zu befreien.

„Was hilft der schärfste Blick", sagte der Sperber da, „wenn man blind ist gegen die Gefahren, die uns mit Verderben bedrohen!" (Aesop)

Die Eule meint

„Hochmut kommt vor dem Fall!"
Unbekannt

2.11. „Immer passiert mir so was!“

„Jammern füllt keine Kammern.“
Sprichwort

Gerade die Menschen, welche vom Schicksal schwer gebeutelt werden, sind dann auch noch anfällig für Betrüger. Als klassisches Opfer ziehen sie diese wie magnetisch an. Je verzweifelter man ist, desto eher greift man ja auch nach einem Strohhalm. Nur hat es bis jetzt noch niemand geschafft, sich an einem Strohhalm aus dem Sumpf zu ziehen, dazu bedarf es schon mehr. Wenn man Hilfe benötigt, gibt es immer öffentliche Einrichtungen, die helfen, sei es der Staat, die Kirche oder irgendein karitativer Verein.

Der Hirsch und der Löwe

Ein Hirsch, von einem Jäger bemerkt, flüchtete, geriet aber dabei in eine Höhle, in der zu seinem Unglück ein Löwe hauste. Diesem kam er gerade recht. Ohne weitere Umstände erwürgte er den Hirsch. „Oh!" rief dieser sterbend aus, „wie unglücklich sind wir, während wir dem einen Feind zu entrinnen suchen, laufen wir dem andern in die Arme."

In blinder Hast entgeht man oft einer Gefahr und kommt dabei in einer grösseren um. Man muss vorne und hinten Augen haben. (Aesop)

Der Ochsentreiber und Herkules

Ein Ochsentreiber fuhr mit einem Wagen, welcher mit Holz schwer beladen war, nach Hause. Als der Wagen im Moraste stecken blieb, flehte sein Lenker, ohne sich selbst auch nur im geringsten zu bemühen, alle Götter und Göttinnen um Hilfe an. Vor allem bat er den wegen seiner Stärke allgemein verehrten Herkules, ihm beizustehen. Da soll ihm dieser erschienen sein und ihm seine Lässigkeit also vorgeworfen haben:

„Lege die Hände an die Räder und treibe mit der Peitsche dein Gespann an, zu den Göttern flehe jedoch erst dann, wenn du selbst etwas getan hast; sonst wirst du sie vergeblich anrufen." (Aesop)

Die Eule meint

„Wenn du eine helfende Hand suchst, vergiss die eigene nicht!"
Unbekannt

2.12. „Ich bekomme ja nie, was mir zusteht!“

*„Wer nicht mit dem zufrieden ist, was er hat,
der wäre auch nicht mit dem zufrieden, was er haben möchte.“*
Berthold Auerbach

Unzufriedenheit ist eine starke Antriebskraft, die sich ihren Weg bahnt und dabei auch moralische Grundsätze, die im Wege stehen, hinter sich lässt. Damit wird man zum beliebten Objekt für Betrüger, die diese Unzufriedenheit förmlich wittern und für ihre Bedürfnisse einspannen. Und so sagte auch ein Werbefachmann: *„Zufriedene sind das Unglück der Werbung, mit denen ist kein Geld zu verdienen.“* Umso mehr halt mit den Unzufriedenen. Das gilt für die Werbung und für Betrüger.

Der Hahn und der Diamant

Ein hungriger Hahn scharrte auf einem Misthaufen nach Fruchtkörnern und fand einen Diamanten. Unmutig stiess er ihn beiseite und rief aus: „Was nützt einem Hungrigen ein kostbarer Stein; sein Besitz macht wohl reich, aber nicht satt. Wie gerne würde ich diesen Schatz um nur einige Gerstenkörner geben."

Das Stückchen Brot, das dich ernährt, ist mehr als Gold und Perlen wert. (Aesop)

Die Eule meint

„Nicht reich macht zufrieden - zufrieden macht reich."
Aus dem Schwarzwald

2.13. „Irgendwann wird es mir finanziell auch besser gehen!"

„Hoffnung - Fusion von Gier und Erwartung."
Ambrose G. Bierce

Der fromme Joshua betet jeden Tag vor seinem Hausaltar zu Gott und bittet, er möge im Lotto gewinnen. Nach 13 Jahren endlich erscheint Gott ihm bei einem solchen Gebet und sagt: "Joshua, gib mir eine Chance, kauf dir ein Los!" Wer nur hofft, hat oft eine so feste Vorstellung von dem, was er haben will, dass er die anderen Möglichkeiten, welche das Leben bietet, nicht sieht. Betrüger verstehen es aufs Genialste, dieses Prinzip Hoffnung für ihre Tricks zu nutzen.

Der Adler und die Schildkröte

Eine Schildkröte bat einen Adler, ihr Unterricht im Fliegen zu geben. Der Adler suchte es ihr auszureden, aber je mehr er sich bemühte, ihr das Törichte ihres Wunsches klarzumachen, desto mehr beharrte sie darauf. Ihrer dringenden Bitten müde, nahm der Adler sie endlich in die Luft und liess sie ungefähr turmhoch herabstürzen; zerschmettert lag sie auf der Erde und musste so ihre Torheit büssen.

Trachte nicht nach Dingen, die die Natur dir versagt hat; was die Natur versagt, kann niemand geben. (Aesop)

Die Eule meint

„Hoffen und harren ist was für Narren."
Unbekannt

2.14. „Ich will auch, was alle anderen haben!“

„Der Neidische wird ärmer, wenn er andere reicher werden sieht.“
Christian Friedrich Hebbel

In unserer christlichen Kultur ist Neid eine der sieben Todsünden, und jeder, der schon mal von Neid geplagt wurde, weiss, wie nagend das Gefühl sein kann. Nicht umsonst heisst es in Grossbritannien: *„Der Neid ist sein eigener Folterknecht.“* Da ist man um jedes Ventil froh, das diesen Druck abbaut. Hier bieten Betrüger sich gerne an, diese „Ungerechtigkeit“ auszugleichen und das natürlich zum eigenen Nutzen.

„Der Neid der Menschen zeigt an, wie unglücklich sie sich fühlen, und ihre beständige Aufmerksamkeit auf fremdes Tun und Lassen, wie sehr sie sich langweilen.“
Arthur Schopenhauer

Der Esel und die Ziege

Ein Bauer hatte einen Esel und eine Ziege. Weil nun der Esel sehr viel arbeiten und grosse Lasten tragen musste, erhielt er ein reichlicheres und besseres Futter als die Ziege.

Diese beneidete den Esel, und um ihn um die bessere Kost zu bringen, oder doch wenigstens ihm Schläge einzutragen, sprach sie eines Tages zu ihm:

„Höre, lieber Freund! Oft schon habe ich dich von Herzen bedauert, dass du Tag für Tag die schwersten Lasten tragen und vom Morgen bis zum Abend arbeiten musst; ich möchte dir wohl einen guten Rat geben."

„Warum nicht?" sagte der Esel, „ich bitte dich sogar darum!"

„Nun, so höre: Wenn du an eine Grube kommst, so stürze dich hinein, stelle dich verletzt, und dann wirst du längere Zeit Ruhe haben und nichts arbeiten dürfen."

Dem Esel schien dies ein ganz guter Vorschlag, und kaum war er anderntags mit einer Last bei einer Grube angekommen, als er auch schon den Rat befolgte. Wie aus Zufall trat er fehl und stürzte hinein. Aber das hatte er sich nicht gedacht! Halb tot lag er da und dass er sich nicht ein Bein gebrochen hatte, war ein Glück. Ganz geschunden wurde er herausgeholt und konnte sich kaum nach Hause schleppen.

Sein Herr hatte nichts Eiligeres zu tun, als zu einem Vieharzt zu schicken, der dann verordnete: der Kranke solle eine frische, pulverisierte Ziegenlunge einnehmen.

Da dem Herrn der Esel mehr wert war als die Ziege, so liess er diese sofort schlachten, um den Esel zu retten.

So büsste die Ziege für ihren bösen Rat mit dem Leben.

Die Folgen des Neides gereichen nicht selten dem Neider selbst zum Verderben. (Aesop)

Die Eule meint

„Der Neid auf das Glück des anderen macht uns blind für das eigene."
Unbekannt

2.15. „No Risk, no Fun!“

„Wer sich gern in Gefahr begibt, kommt darin um.“
Jesus Sirach 3, 27

Warum benötigen Menschen immer noch mehr von einer bestimmten Substanz, sei es eine Droge oder aber auch Risiko. Das Lexikon definiert das als Sucht. In Zeiten, in denen es immer normaler wird, ein Adrenalinjunkie zu sein, finden sich genug Betrüger, die die Witterung des Adrenalins und Angstschweisses aufnehmen. Es ist dann ein Leichtes für sie, dieses Bedürfnis ihrer Opfer in ihre Machenschaften einzubauen.

„Nur ein verzweifelter Spieler setzt alles auf einen Wurf.“
Friedrich Schiller

Der Fuchs und der Bock

Ein Bock und ein Fuchs gingen in der grössten Hitze miteinander über die Felder und fanden, von Durst gequält, endlich einen Brunnen, jedoch kein Gefäss zum Wasserschöpfen. Ohne sich lang zu bedenken, sprangen sie, der Bock voraus, hinunter und stillten ihren Durst. Nun erst begann der Bock umherzuschauen, wie er wieder herauskommen könnte. Der Fuchs beruhigte ihn und sagte: „Sei guten Muts, Freund, noch weiss ich Rat, der uns beide retten kann! Stelle dich auf deine Hinterbeine, stemme die vorderen gegen die Wand und recke den Kopf recht in die Höhe, dass die Hörner ganz aufliegen, so kann ich leicht von deinem Rücken hinausspringen und auch dich retten!"

Der Bock tat dies alles ganz willig. Mit einem Sprung war der Fuchs gerettet und spottete nun des Bocks voll Schadenfreude, der ihn hingegen mit Recht der Treulosigkeit beschuldigte. Endlich nahm der Fuchs Abschied und sagte: „Ich sehe schlechterdings keinen Ausweg zu deiner Rettung, mein Freund! Höre aber zum Dank meine Ansicht: Hättest du so viel Verstand gehabt als Haare im Bart, so wärest du nie in diesen Brunnen gestiegen, ohne auch vorher zu bedenken, wie du wieder herauskommen könntest!"

Vorgetan und nachbedacht, hat manchen in gross Leid gebracht!
(Aesop)

(Sie haben es gemerkt, die Geschichte passt nicht ganz zum konkreten Thema, wohl aber zum Thema Betrug im Generellen; aber wir haben keine passende gefunden. Hoffentlich hat sie Sie trotzdem zum Nachdenken inspiriert.)

Die Eule meint

„Wer grosses Risiko eingeht, um grosse Gewinne zu machen, darf sich auch über grosse Verluste nicht wundern."
Unbekannt

3. Situationen mit Betrugsanfälligkeit

Neben den Faktoren der persönlichen Disposition, welche wir in den Persönlichkeitsmerkmalen erläutert haben, und den Betrugsmerkmalen, gibt es noch die Situationen mit Betrugsanfälligkeit.
Nachstehend zeigen wir Ihnen einige Situationen auf und sagen Ihnen auch, für welche Betrugsarten diese besonders anfällig machen können, wenn sie mit bestimmten Persönlichkeits- und Betrugsmerkmalen zusammenkommen.

3.1. Finanzielle Krise

„Wer in Not ist, braucht keinen Strohhalm, sondern eine solide Lösung!"
Lesen Sie hierzu mehr auf Seite 100.

3.2. Lebenskrisen

„Angstschweiss zieht Betrüger genau so an, wie Blut Haie!"
Lesen Sie hierzu mehr auf Seite 102.

3.3. Stress, Eile, Zeitdruck

„Zeitdruck und Knappheit erzeugen Begehren!"
Lesen Sie hierzu mehr auf Seite 104.

3.4. Langeweile

„Wer sich langweilt, kommt auf die seltsamsten Gedanken, auch auf dumme und teure!"
Lesen Sie hierzu mehr auf Seite 106.

3.5. Ferien

„In der Entspanntheit der Ferien lassen sich nur schlecht weitreichende Entscheidungen treffen!"
Lesen Sie hierzu mehr auf Seite 108.

3.6. Grosser Gewinn / Erbe

„Grosse Gewinne, sei es im Glücksspiel oder an der Börse, sprechen sich immer rum und ziehen auch Betrüger an!"

Lesen Sie hierzu mehr auf Seite 110.

3.7. Grosser Verlust

„Wirf nie gutes Geld schlechtem nach!"

Lesen Sie hierzu mehr auf Seite 112.

3.8. Grosse Sorgen / Ängste

„Sorgen und Ängste sind kein guter Ratgeber für Entscheidungen."

Lesen Sie hierzu mehr auf Seite 114.

3.9. Grosse Freude (Hochzeit, Geburt)

„In der Freude und im Überschwang des Augenblickes hat schon mancher die falsche Entscheidung getroffen und es hinterher bereut!"

Lesen Sie hierzu mehr auf Seite 116.

3.1. Finanzielle Krise

„Wer in Not ist, braucht keinen Strohhalm, sondern eine solide Lösung!"

Menschen in finanziellen Krisen sind wie eine Einladung für Betrüger, diese noch mehr zu schädigen. In dem Versuch, sich aus der Misere zu befreien, ist schon so mancher nur noch tiefer hineingeraten. Menschen in finanziellen Krisen haben auch oft ein Problem mit dem Annehmen von Hilfe. Wer sich in einer solchen Situation befindet, hat oft auch ein schlechtes Selbstbewusstsein und fühlt sich schuldig, in unserer Gesellschaft versagt zu haben. Man gleitet in die Rolle des hilflosen Opfers und ist nicht mehr in der Lage, aktiv nach Hilfe zu suchen. Da ist jedes von aussen kommende Hilfsangebot willkommen, bei dem man nicht selbst aktiv werden muss. Betrüger wissen das und nutzen dies schamlos aus, indem sie „selbstlos und gratis" Hilfe anbieten.

Angenommen, Sie haben sich das Bein gebrochen. Jemand hat das gesehen und bietet Ihnen an, das Bein auf der Stelle und ohne Schmerzen und Kosten wieder zu richten. Glauben Sie demjenigen und nehmen Sie das Angebot an? Oder suchen Sie sich ein Spital und lassen das Bein von einem Fachmann, sprich Chirurgen, operieren?
Wenn Sie sich finanziell das Bein gebrochen haben, sollten Sie sich auch selbst einen Finanz-Chirurgen suchen. In dem Fall reden wir von einem Schuldenberater.

Schulden sind immer auch mit Scham behaftet. So wie ein Alkoholiker durch das Bekennen seiner Alkoholsucht einen Beitrag zur Genesung leistet, muss ein in eine finanzielle Krise geratener Mensch auch diese Notlage eingestehen können. Das Bekenntnis zu seiner finanziellen Krise drückt auch eine Übernahme von Verantwortung aus. Und nur die Übernahme von Verantwortung für eigenes Handeln birgt die Möglichkeit der Veränderung. Denn nur in der Verantwortung sind wir aktiv, können handeln und uns helfen lassen und sind nicht mehr nur das Opfer und der Betrogene.

Wer in einer finanziellen Krise ist, ist besonders anfällig für die folgenden Betrugsarten: Kreditbetrug, Arbeitsangebote, Schenkkreise, Nigeria Connection, Vorschussbetrug.

Die Eule rät

- Überwinden Sie Ihre Scham, übernehmen Sie Verantwortung und suchen Sie sich aktiv Hilfe!
- Sprechen Sie mit Familie und Freunden!
- Am besten gehen Sie zu einer Schuldenberatung!
  (Siehe Webseite)

3.2. Lebenskrisen

„Krisenzeiten sind schlechte Zeiten für gute Argumente."
Dr. Klaus Ahlheim

Krisen sind Neuorientierungsphasen, in denen wir für falsche Hilfestellungen leider sehr empfänglich sein können. Dadurch, dass wir offen sind für Wege aus der Krise hinaus, sind wir leider auch leichte Beute für potenzielle Betrüger. Wenn man in einer persönlichen Krise ist, sollte man umso besser auf den Rat von wirklichen Freunden hören und sich nicht vermeintlich neue suchen, die einem nur das sagen, was man hören möchte. Sich an Scharlatane zu wenden, bedeutet letztlich auch nichts anderes als Verantwortung abzugeben.

„Krisen meistert man am besten, indem man ihnen zuvorkommt."
Walt Whitman Rostow

Wenn Sie einen Wasserrohrbruch im Haus haben, dann sind Sie doch sicher nicht daran interessiert, nur zu wissen, warum es so ist; vorherige Leben, altes Karma, Blablabla; sondern Sie werden einen Installateur, also Fachmann rufen. Und wenn Ihnen das Wasser, im übertragenen Sinne, bis zum Hals steht, dann rufen Sie am besten einen Seelen-Fachmann oder Therapeuten. Anders gesagt, wenn Sie sich den Arm abhacken, tun Sie ja auch nicht nur selbst ein Pflaster drauf, sondern gehen in ein Spital in die Notfallaufnahme. Wenn Sie sich in einer Krise befinden und nicht mehr weiter wissen, sollten Sie sich auch professionelle Hilfe suchen.

Wer sich in einer Lebenskrise befindet, ist besonders anfällig für die folgenden Betrugsarten: Scharlatane, Lebensberater, Sekten.

Die Eule rät

- Übernehmen Sie Verantwortung und suchen Sie sich aktiv seriöse Hilfe!
- Sprechen Sie mit Familie und Freunden!
- Am besten gehen Sie zu einer offiziellen Beratungsstelle oder einem Psychologen!
  (Siehe Webseite)

3.3. Stress, Eile, Zeitdruck

„Kein Mensch kann unter diesen Umständen richtige Entscheidungen treffen."

Zeit gehört in diesen Tagen zu einem der kostbarsten Güter. Keine Zeit zu haben ist in Mode und Schnelligkeit wird zum Selbstzweck. Viele Menschen sind so versessen aufs Zeit sparen, nur damit sie diese dann nachher sinnlos verplempern können. Stress und Zeitmangel sind dem Betrüger willkommene Faktoren, um noch schneller ans Geld seiner Opfer zu kommen. Auch sind Eile und Zeitdruck eine beliebte Strategie, die er einsetzt, um seine „potenziellen Betrugsopfer" in die Falle zu locken. Laotse hat einmal gesagt: *„Wenn du in Eile bist, gehe langsam!"* Das klingt zwar paradox, ist aber auf lange Sicht richtig, wenn man bedenkt, was man unter Stress alles falsch macht oder vergisst.

Wer sich unter Zeitdruck befindet, ist besonders anfällig für die folgenden Betrugsarten: Alle Arten von Kaufentscheidungen, Anlage- und Projektbetrug.

Die Eule rät

- Treffen Sie nie unter Zeitdruck oder Stress Kauf- bzw. Anlageentscheidungen!
- Nehmen Sie sich bei allen grösseren Kauf- oder Anlageentscheidungen immer die Zeit zum Vergleichen, und holen Sie eine unabhängige Meinung ein!
- Verzichten Sie besser auf ein Geschäft, bei dem man Sie unter Zeitdruck setzen will!

3.4. Langeweile

„Idle mind is the devils workshop.“ etwa
„Ein Geist, der nicht beschäftigt wird, ist eine Werkstatt für den Teufel.“

Wieder so ein Abend, der kein Ende nehmen will. Hm, was könnte ich denn noch machen? Ach, da gibt es doch so eine Mitmachspielshow. Ist zwar eigentlich doof, aber da kann man richtig viel Geld gewinnen. Also mal hingezappt und angerufen und noch mal angerufen und schwupps sind 30 Franken weg. Wie sagt der Volksmund: *„Wenn es dem Esel zu gut geht, geht er aufs Eis.“* So kann es auch schnell mit einem Flirtchat per SMS ein teurer Abend werden. Klar, ein Anruf oder SMS kostet nicht soviel. Allein im Verlauf eines Abends können mit so einem Flirtchat auch schnell 100 Franken anfallen. Und das oft ohne auch nur den Hauch einer Chance bei diesen Aktivitäten zu haben.

Wer Langeweile hat, ist besonders anfällig für die folgenden Betrugsarten: TV-Spiele, SMS Abos, Seniorenfahrten, Geschenkkreise, Hoaxes, Einkäufe.

Die Eule rät

- Langeweile ist ein schlechter Berater für Entscheidungen, die mit Geldausgaben verbunden sind!

3.5. Ferien

„In der Entspanntheit der Ferien lassen sich nur schlecht weitreichende Entscheidungen treffen.“

Entspannt und fern aller Sorgen daheim hat auch das gesunde Misstrauen mitunter Ferien. Leider meist an einem anderen Ferienort. Wenn Sie nicht gerade zu der Sorte Ferienreisenden gehören, die Ferien machen, um Mängel zu finden, sondern eher der Geniesser sind, könnten Sie schon zur Gruppe der Gefährdeten gehören. Das Timesharing-Appartment-Schnäppchen könnte sich schon bald als Vollzeit-Albtraum herausstellen. Natürlich spielen die Verkäufer von solchen Timesharing-Angeboten auch mit der Komponente Zeitdruck, denn die Ferien gehen ja oft schnell zu Ende.

Wertloses „Gold oder Edelsteine“ an unwissende Laien zu verkaufen, ist eine beliebte Methode von Betrügern, schnelles Geld zu machen. Da wird dann auch gezielt mit Zeitdruck und der Gier der Opfer gespielt.

„Dumme Touristen“ mit fremden Währungen reinzulegen oder zu übervorteilen, ist in manchen Ländern häufig verbreitet. In Ägypten gibt es 50-Piaster- (ca. 10 Rappen) und 50-Pfund- (ca. 10 Franken) Noten. Uns wurde folgender Fall berichtet: „Ein Taxifahrer behauptete, ich hätte ihm nur eine 50-Piaster-Note statt einer 50-Pfund-Note gegeben, obwohl ich genau wusste, dass ich gar keine Piasternoten hatte. Als er dann anfing, laut zu lamentieren, sagte ich ihm, er versuche, mich zu betrügen und er könne gerne die Polizei rufen und liess ihn einfach stehen.“

In den Ferien ist man besonders anfällig für die folgenden Betrugsarten: Timesharing, Seniorenfahrten, Einkäufe, Falschgeld, Wechselgeldbetrug.

Die Eule rät

- Vor wichtigen grösseren Kaufentscheidungen Preise vergleichen!
- Verträge nur unterschreiben, wenn Sie die Sprache und den Vertrag auch verstehen!
- Nicht unter Zeitdruck setzen lassen!
- Finger weg von Schnäppchen-Schmuck oder Edelsteinen!
- Machen Sie sich mit der Währung des Gastlandes vertraut!

3.6. Grosser Gewinn

„Grosse Gewinne, sei es im Glücksspiel oder an der Börse, sprechen sich immer rum und ziehen auch Betrüger an."

Wer träumt nicht davon: Endlich der Lotteriegewinn oder das grosse Erbe der Tante aus Amerika, die man gar nicht kannte. Aber Geld zu haben und damit umzugehen, will genauso gelernt sein, wie Auto fahren. Nur zu verständlich, dass solche „Neuen Reichen" Gefahr laufen, an falsche Berater zu gelangen. Mitunter wird durch das viele Geld auch noch die persönliche Gier angeregt, und man will noch schneller noch mehr. Deswegen lässt man sich dann auf riskante Anlagen ein.
Interessanterweise sind ja die Mehrzahl der Lottogewinner nach einigen Jahren wieder auf dem gleichen finanziellen Stand wie vorher. Psychologen erklären das u.a. damit, dass wir das Gefühl haben, das Geld nicht zu „verdienen", da wir ja nichts dafür getan haben. Und so verlieren die meisten Menschen ihren unverdienten Reichtum wieder.

Bei grossem Gewinn / Erbe ist man besonders anfällig für die folgenden Betrugsarten: Alle Arten von Anlage- oder Projektbetrug, Einkäufe.

Die Eule rät

- Lassen Sie sich Zeit und lernen Sie mit Geld umgehen!
- Vor wichtigen grösseren Anlage- oder Kaufentscheidungen Angebote vergleichen und neutrale Meinung einholen!
- Nicht unter Zeitdruck setzen lassen!

3.7. Grosser Verlust

„Wirf nie gutes Geld schlechtem nach."

Wenn man in einem Bereich einen Verlust erlitten hat, so ist man bestrebt, diesen wieder auszugleichen. Da kann es schon mal vorkommen, dass man auch ein grösseres Risiko in Kauf nimmt, um den Ausgleich wieder herzustellen. Und auf der Suche nach solchen höheren Renditen kann man schon mal in die Arme von Betrügern fallen. Denn hohe Gewinnversprechen sind nun mal einer der wichtigsten Köder von Betrügern. Einer der meist gemachten Fehler liegt darin, dass man bei grösseren Verlusten in Hektik verfällt und auch noch meint, diese Verluste nun schnell wieder ausgleichen zu müssen. Eine Strategie, welche Betrüger natürlich fördern und noch mehr Zeitdruck aufbauen.

Bei grossem Verlust ist man besonders anfällig für die folgenden Betrugsarten: Alle Arten von Anlage oder Projektbetrug, Kreditbetrug, Geschenkkreise, Nigerianische Betrügerbanden, Lotteriegewinne.

Die Eule rät

- Hohe Renditen bergen auch immer hohe Risiken!
- Vor wichtigen grösseren Anlage- oder Kaufentscheidungen Angebote vergleichen und neutrale Meinung einholen!

3.8. Grosse Sorgen / Ängste

„Sorgen sind kein guter Ratgeber für Entscheidungen."

Wer sich Sorgen macht oder grosse Ängste hat, neigt zu unüberlegten Reaktionen. Die nutzen potenzielle Betrüger aus und erzeugen oder verstärken diese Aspekte noch. Sorgen und Ängste kombiniert mit Zeitdruck ergeben eine hoch betrugsanfällige Situation. Der Enkeltrick ist leider immer noch erfolgreich. Auch spielen manche Verkäufer gezielt damit, Ängste bei ihren Kunden zu wecken. So manche Versicherung verkauft sich doch gleich viel besser, wenn man den Kunden Angst einjagt oder vorhandene Sorgen verstärkt. Ein Horrorszenario für den Versicherungsfall zu entwerfen, gehört zum Grundhandwerk unseriöser Versicherungsmakler.

Bei grossen Sorgen / Ängsten ist man besonders anfällig für die folgenden Betrugsarten: Alle Arten von Anlage- oder Projektbetrug, Kreditbetrug, Geschenkkreise, Nigerianische Betrügerbanden, Lotteriegewinne.

Die Eule rät

- Nie Fremden Geld für Verwandte geben!
- Nicht durch Ängste zu Spenden verleiten lassen!
- Vor grösseren Versicherungsabschlüssen Angebote vergleichen und neutrale Meinung einholen!

3.9. Grosse Freude

„In der Freude und im Überschwang des Augenblickes hat schon mancher die falsche Entscheidung getroffen und es hinterher bereut."

Grosse Freude ist auch eine Art von Stress. Forscher sprechen hier von einem Eu-Stress (euphorischen), der einen beflügelt, im Gegensatz zu einem Dys-Stress, der einen eher lähmt, also was landläufig unter Stress verstanden wird.
Betrüger setzen natürlich gerade Eu-Stress gezielt ein, um beim Opfer eine Entscheidung zu ihren Gunsten zu erzeugen. Wenn wir uns nämlich freuen, findet ein sogenannter Überstrahlungseffekt statt. Plötzlich ist alles toll, wir betrachten die Welt durch eine rosarote Brille. Und so manche tolle Nachricht entpuppt sich als Luftschloss und platzt wie eine Seifenblase, nachdem der Eu-Stress verflogen ist und man wieder klar denken kann. Betrüger verstärken das dann noch und „raten" einem, nun doch schnell zu handeln und die Glückssträhne auszunutzen und weiter zu investieren. Das natürlich nur wieder, um keine Zeit zum Prüfen oder Vergleichen der Angebote zuzulassen.

Situationen mit Eu-Stress-Potenzial sind unter anderem: Verliebt sein, Hochzeit, Geburt eines Kindes, Beförderung, grosser Gewinn und manche Drogen.

Bei grosser Freude ist man besonders anfällig für die folgenden Betrugsarten: Nigeria Connection, Lotteriegewinn, Anlage- und Projektbetrug, Geschenkkreise.

Die Eule rät

- Treffen Sie keine Anlage- oder grösseren Kaufentscheidungen, wenn Sie euphorisch sind.

4. Betrugsdelikte

> *„Betrüger sind nur dann erfolgreich,*
> *wenn sie nicht aussehen wie Betrüger."*
> Unbekannt

Im nachfolgenden Kapitel werden wir, beispielhaft, eine Auswahl an Delikten vorstellen. Wir haben die Kampagne bewusst so ausgelegt, dass nicht die Delikte an sich im Mittelpunkt der Information stehen. Im Bereich der Vergehen bewegt sich so viel und die Betrüger entwickeln immer wieder neue Methoden, so dass eine Aufzählung der Straftaten den Leser vielleicht in Sicherheit wiegen könnte und er denkt, er kenne nun alle Delikte. Viel wichtiger erscheinen uns die Umfeldfaktoren wie Betrugs- und Opfermerkmale und die Betrugsanfälligkeit, welche in Kombination zu einem Betrug führen können. Solche Kombinationen zeigen wir im folgenden Kapitel auf.

Für alle weiteren Delikte oder aktuelle Meldungen zu Delikten, besuchen Sie bitte unsere Webseite oder unseren Newsblog.

4.1. Finanzbetrug

„Ohne Risiko viel Geld machen?"

Das gibt es leider nur im Märchen, denn wo ein hoher Gewinn lockt, sind zwingend auch immer hohe Risiken zu erwarten. Und wenn in irgendeinem Betrugsbereich der Spruch des Teufels passt, dann hier: *„Gier ist meine Lieblingssünde, damit kriege ich sie alle!"* Schauen Sie sich unbedingt auch die Betrugsmerkmale an, denn Anlagebetrüger senden eine Menge solcher Signale.

Laut einer Untersuchung des Deutschen Instituts für Anlegerschutz bescherte das Jahr 2007 Anlegern Rekordverluste am Grauen Kapitalmarkt. Rund 500 000 Anleger wurden danach Opfer krimineller Anbieter. Abzockmasche Nummer eins: Stille Beteiligungen und Inhaberschuldverschreibungen. (Quelle: Handelsblatt)
Die Betrugsschätzungen variieren zwischen € 500 Mio. (Quelle: Handelsblatt) und einem zweistelligen Milliardenbetrag (Quelle: Klaffke, Anlagebetrug am grauen Kapitalmarkt).
Alle Delikte und Methoden aufzuführen ist gar nicht möglich, denn der Ideenreichtum der Betrüger sucht seinesgleichen. Grundsätzlich kann man sagen, dass es bestimmte strukturelle Merkmale in diesem Segment gibt.

Die Top Betrugsmerkmale sind

1. Wenn Sie mit einer „Traumrendite", einem „Supergeschäft" oder „absoluten Schnäppchen" geködert werden!
2. Wenn Sie mit einer „Traumrendite", einem „Supergeschäft" oder „absoluten Schnäppchen" geködert werden!
3. Wenn Sie mit einer „Traumrendite", einem „Supergeschäft" oder „absoluten Schnäppchen" geködert werden!
4. Wenn nach kleineren Einlagen und Gewinnen plötzlich das grosse Geschäft an Sie herangetragen wird, ist Vorsicht geboten!
5. Wenn ein Angebot zeitlich begrenzt ist und man Sie drängt! Ganz clevere Betrüger jedoch verzichten bewusst aufs Drängen und bekunden so ihre „Seriosität".

4.1.1. Anlagebetrug
„Wie angeblich aus Geld noch mehr Geld wird..."
Lesen Sie hierzu mehr auf Seite 122.

4.1.2. Investitions- und Projektbetrug
„Bunt verpackte leere Schachteln..."
Lesen Sie hierzu mehr auf Seite 128.

4.1.3. Kreditvermittlungsbetrug
„Das versprochene Ende der Sorgen ist erst deren Anfang..."
Lesen Sie hierzu mehr auf Seite 134.

4.1.4. Vorschussbetrug, Nigerianische Betrügerbanden
„Wenn man Geld zahlen muss, um welches zu bekommen, sollten alle Alarmglocken klingeln..."
Lesen Sie hierzu mehr auf Seite 138.

4.1.5. Bargeldanweisungen
„Bargeld lacht, nur wenn es weg ist, weint so mancher..."
Lesen Sie hierzu mehr auf Seite 144.

4.1.6. Schenkkreise
„Teure Abende in gemütlicher Gesellschaft..."
Lesen Sie hierzu mehr auf Seite 150.

4.1.7. Falschgeld
„Blüten, die keine Freude bringen..."
Lesen Sie hierzu mehr auf Seite 156.

4.1.8. Angeblicher Lotteriegewinne
„Bei Lotterien zu gewinnen, an denen man nicht teil genommen hat, sollte einen schon stutzig machen..."
Lesen Sie hierzu mehr auf Seite 160.

Die Eule rät

- **Lassen Sie sich nicht von Unbekannten zu Finanzgeschäften überreden!** Eine ungebetene Kontaktaufnahme seitens eines Finanzberaters ist ein Alarmzeichen!
  Suchen Sie sich Ihren Anlageberater aus! Am besten auf Grund von Empfehlungen Ihrer eigenen Bank, die auf langjährigen Erfahrungen beruhen.
- **Ziehen Sie Erkundigungen über Ihren Anlageberater ein!** Einem seriösen Anlageberater wird das nichts ausmachen. Listen Institute Eidgenössische Bankenkommission, Liste der Kontrollstelle für die Bekämpfung der Geldwäscherei, des Eidgenössischen Finanzdepartements oder Verband Schweizerischer Vermögensverwalter.
- **Seien Sie sich über Ihre Ziele klar, welche Sie mit der Anlage realisieren wollen!** Ein seriöser Finanzberater wird auf jeden Fall darauf eingehen, ein Betrüger eher nicht, der will nur seine Produkte verkaufen.
- **Handeln Sie nie unter Zeitdruck!** Eine der beliebtesten Methoden, um dubiose Finanzgeschäfte abzuschliessen.
- **Verlangen Sie alle Offerten und Vertragsunterlagen schriftlich!** Sie können dann alles prüfen und wenn Sie etwas nicht verstehen, eine Zweitmeinung einholen!
- **Prüfen Sie die Kosten Ihres Anlagegeschäftes!** Unseriöse Anlageberater bereichern sich oft an den Gebühren und Kommissionen für die Anlagegeschäfte.
- **Ombudsstelle des Verbandes Schweizerischer Vermögensverwalter** Bei Problemen mit Ihrem Anlage- oder Vermögensverwalter kontaktieren Sie die Ombudsstelle.
- Immer daran denken: **Hohe Rendite = Hohes Risiko!**

Was tun, wenn Sie schon geschädigt wurden?
Bei begründetem Betrugsverdacht, Anzeige bei der Polizei empfohlen!

4.1.1. Anlagebetrug

„Wie angeblich aus Geld noch mehr Geld wird..."

Darunter versteht man, wenn ein Betrüger ein Opfer unter Vorspiegelung von meist hohen Gewinnversprechen zu einer Anlage überredet. Der Betrüger bedient sich der verschiedensten Anlageformen wie z. B. Aktien, Fonds, Rohstoffe, Optionen, Devisen oder Immobilien. Das Opfer kann dabei in den verschiedensten Weisen geschädigt werden. Das reicht von überhöhten Gebühren und Kommissionen bis zum Totalverlust der Anlage.

Beispiele:

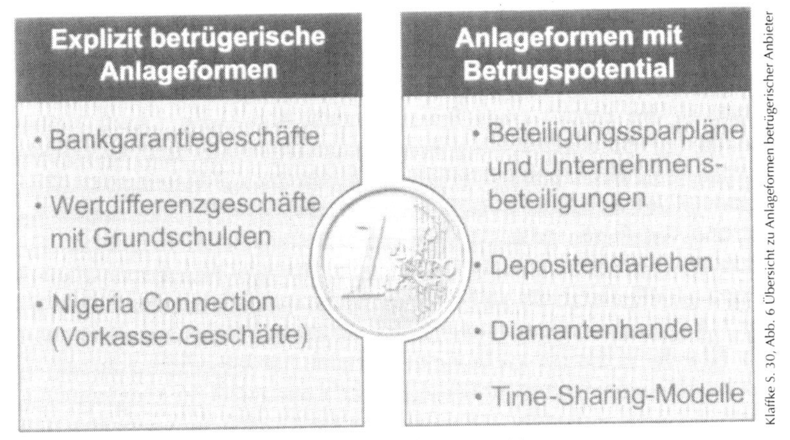

Klaffke S. 30, Abb. 6 Übersicht zu Anlageformen betrügerischer Anbieter

Abb. 6: Übersicht zu Anlageformen betrügerischer Anbieter
Quelle: Eigene Darstellung

	Anlageform	Grundgeschäft	Unseriöse Anlageform	Unseriöse Methoden	Warnhinweise für den Anleger
per se betrügerisch	Bankgarantiegeschäfte	Zahlungszusagen von Banken	Handel mit Bankgarantien	per se betrügerisch	Markt existiert nicht, Vorsicht, wenn derartige Produkte angeboten werden
	Nigeria Connection	Provisionsgeschäft	Unterschlagung des Geldes	hohe Gewinnversprechungen	Sollten Bitten zur Mithilfe an einen herangetragen werden, sofort ablehnen
	Wertdifferenzgeschäfte mit Grundschuldbriefen	Beleihung von Immobilien	„Beleihung von Grundschuldbriefen" und daraus resultierende Arbitragegeschäfte	hohe Renditeversprechungen	Markt existiert nicht, Vorsicht, wenn derartige Geschäfte angeboten werden
Betrugspotential	Beteiligungssparpläne	Unternehmensbeteiligungen	unrentable Unternehmensbeteiligungen oder Beteiligungen an nicht-existenten Unternehmen	unzureichende Offenlegung der zugrundeliegenden Unternehmensdaten	ungenügende Information über das zugrundeliegende Objekt; übermäßige Gewinnversprechungen
	Depositendarlehen, zins- und tilgungsfreie Kredite	Kredit oder Darlehen	Unterschlagung der Vorauszahlungen	Niedrigen Kreditzinsen werden hohen Guthabenzinsen gegenübergestellt	Guthabenzinsen können nicht höher sein als Kreditzinsen, ansonsten bergen sie ein hohes Risiko
	Diamantenhandel	Diamanten	Diamanten minderer Qualität	Verkauf an nicht geeignete Anleger	Kein funktionierender Sekundärmarkt, Prüfung der Qualität für Privatanleger nur schwer möglich, gegebene Garantien sind kein Signal für Seriosität
	Time-Sharing-Modelle	Immobilien	Immobilien minderer Qualität oder nicht existent	überteuerter Immobilienpreis	Time-Sharing-Modelle sind nicht sinnvoll, daher grundsätzlich abzulehnen

Klaffke S.34, Abb. 7 Zusammenfassung typischer Anlageformen des „Grauen Kapitalmarktes"

Abb. 7: Zusammenfassung typischer Anlageformen des «Grauen Kapitalmarktes»
Quelle: Eigene Darstellung in Anlehnung an Finanzplatz (1999), S.36

Erkennungsmerkmale für diese Betrugsart

- **„Nur noch heute!“**
  Zeitdruck verhindert Vergleiche und soll das Ganze durch Verknappung begehrlicher machen.
- **„Zu schön, um wahr zu sein!“**
  Traumrendite, Superangebot, absolutes Schnäppchen. Wenn etwas zu gut klingt, um wahr zu sein, ist es meist auch nicht wahr.
- **„Nur für Sie...“**
  Exklusivität soll Ihnen schmeicheln und Sie schneller zugreifen lassen.
- **„Das machen alle so...“**
  Komplizierte und undurchsichtige Verträge werden so oft begründet.
- **„Mehr Schein als Sein...!“**

Die Eule rät

- **Lassen Sie sich nicht von Unbekannten zu Finanzgeschäften überreden!**
  Eine ungebetene Kontaktaufnahme seitens eines Finanzberaters ist ein Alarmzeichen!
  Suchen Sie sich Ihren Anlageberater aus! Am besten auf Grund von Empfehlungen Ihrer eigenen Bank, die auf langjährigen Erfahrungen beruhen.
- **Ziehen Sie Erkundigungen über Ihren Anlageberater ein!**
  Einem seriösen Anlageberater wird das nichts ausmachen. Listen Institute Eidgenössische Bankenkommission, Liste der Kontrollstelle für die Bekämpfung der Geldwäscherei, des Eidgenössischen Finanzdepartements oder Verband Schweizerischer Vermögensverwalter.
- **Seien Sie sich über Ihre Ziele klar, welche Sie mit der Anlage realisieren wollen!**
  Ein seriöser Finanzberater wird auf jeden Fall darauf eingehen, ein Betrüger eher nicht, der will nur seine Produkte verkaufen.
- **Handeln Sie nie unter Zeitdruck!**
  Eine der beliebtesten Methoden, um dubiose Finanzgeschäfte abzuschliessen.
- **Verlangen Sie alle Offerten und Vertragsunterlagen schriftlich!**
  Sie können dann alles prüfen und wenn Sie etwas nicht verstehen, eine Zweitmeinung einholen!
- **Prüfen Sie die Kosten Ihres Anlagegeschäftes!**
  Unseriöse Anlageberater bereichern sich oft an den Gebühren und Kommissionen für die Anlagegeschäfte.
- **Ombudsstelle des Verbandes Schweizerischer Vermögensverwalter**
  Bei Problemen mit Ihrem Anlage- oder Vermögensverwalter kontaktieren Sie die Ombudsstelle.
- **Immer daran denken: Hohe Rendite = Hohes Risiko!**

Was tun, wenn Sie schon geschädigt wurden?
Bei begründetem Betrugsverdacht, Anzeige bei der Polizei empfohlen!

Ihre Anfälligkeit einem Anlagebetrug zum Opfer zu fallen, ist besonders gross, wenn folgende Persönlichkeitsmerkmale und Situationen zusammentreffen!

„Ist das echt so einfach?“
Leichtgläubigkeit

„Mir passiert schon nichts!“
Unverwundbarkeit

„Das steht mir zu!“
Geiz, Gier

„Ich will auch, was alle anderen haben!“
Neid, Missgunst

„So was gibt es doch nicht!“
Einfalt, Naivität

„Irgendwann wird es mir finanziell auch bess gehen! Oder werde ich auch mal Glück habe
Prinzip Hoffnung

„No Risk, no Fun!“
Risikofreudig, Spielernatur

Grosse Freude (Hochzeit, Geburt)
In der Freude und im Überschwang des Augenblickes hat schon mancher die falsche Entscheidung getroffen und es hinterher bereut!

Stress, Eile, Zeitdruck
Zeitdruck erzeugt Knappheit erzeugt Begehren!

„Mir macht keiner was vor!“
Glaube an bessere Wahrnehmungsfähigkeit

„Den Trick kannte ich noch nicht!“
Unkenntnis der Manipulationsmethoden

„Ich bekomme ja nie, was mir zusteht!“
Unzufriedenheit

„Ja, Sie haben recht: 2+2 = 5!“
Unkritisches Denken

„Ich bin ein Glückskind!“
Hoffnungsloser Optimist

„Mich kann keiner hereinlegen!“
Glaube, nicht manipulierbar zu sein

„Alle Menschen sind gut!“
Gutmenschdenken

Grosser Verlust
Werfe nie gutes Geld schlechtem nach!

Grosser Gewinn, Erbe
Grosse Gewinne, sei es im Glücksspiel oder an der Börse sprechen sich immer rum und ziehen auch Betrüger an!

4.1.2. Investitions- und Projektbetrug

„Bunt verpackte leere Schachteln...“

Bei dieser Betrugsart täuscht der Betrüger dem potenziellen Opfer eine lukrative Geschäftsmöglichkeit in Form einer Beteiligung an einer neuen Firma vor.

Dabei gibt es folgende Erkennungsmerkmale

- **„Zu schön, um wahr zu sein!“** Revolutionäres Produkt
  Es handelt sich meist um angeblich neue, revolutionäre Erzeugnisse auf den Gebieten der Technologie, speziell der Kommunikations- und Pharmatechnologie.
- **„Mehr Schein als Sein...!“** Bekannte Verfahren
  Die Produkte basieren oft auf bekannten Verfahren, die jedoch keinen grossen kommerziellen Erfolg hatten oder bereits veraltet sind.
- **„Entwaffnende Ehrlichkeit...“** Projekt in Planung
  Immobilienprojekte sind meistens in Mittel - und Osteuropa angesiedelt und befinden sich im Stadium der Planung.

- **„Zu schön, um wahr zu sein!"** Einmalige Gelegenheit mit grossem Gewinn
  Bei allen Projekten steht die Einmaligkeit im Zentrum und sie versprechen einen branchenunüblichen, hohen Gewinn.
- **„Nur noch heute!"** Zeitdruck
  Es besteht Zeitdruck; baldiger Börsengang, Anfang der Bauphase und dergleichen.
- **„Mehr Schein als Sein...!"** Professionelle Präsentation
  Die Präsentation dieser Projekte kann durchaus sehr professionell sein, da auch Banken und Finanzinstitute angesprochen werden sollen.

Die Eule rät

- **Initianten abklären**
  Klären Sie das angebotene Projekt und seine Initianten detailliert ab.
- **Unabhängige Spezialisten befragen**
  Ziehen Sie im Zweifelsfall Fachliteratur oder unabhängige Spezialisten auf dem entsprechenden Gebiet zu Rate.
- **Finanzinstitute hinterfragen**
  Erkundigen Sie sich nach anerkannten Finanzinstituten, die an den Projekten beteiligt sind.
- **Wieso ich?**
  Überlegen Sie sich, weshalb gerade Sie als Anleger interessant oder plausibel sein sollen. Dies vor allem im Zusammenhang mit Bauprojekten im Ausland: Macht es Sinn, Investoren für ein z. B. osteuropäisches, lokales Projekt gerade in der Schweiz zu suchen?
- **Risiko abklären**
  Hohe Renditen bedeuten immer hohes Risiko. Dies gilt im besonderen Masse für neue Technologien und Produkte.

Was tun, wenn Sie schon geschädigt wurden?

Bei begründetem Betrugsverdacht, Anzeige bei der Polizei empfohlen!

Eine schon fast lustige Variante des Projektbetrugs machte im Dezember 2007 als E-Mail die Runde. Wollten Sie nicht schon immer mal in Kaninchenzucht an der Elfenbeinküste investieren?

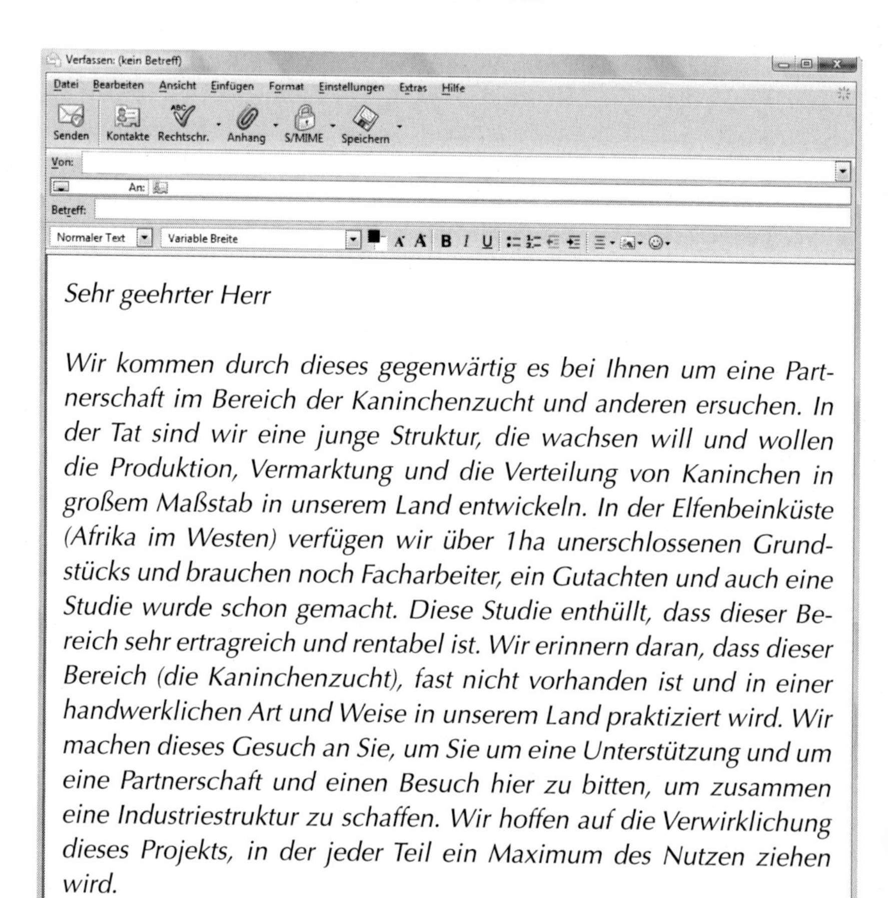

Sehr geehrter Herr

Wir kommen durch dieses gegenwärtig es bei Ihnen um eine Partnerschaft im Bereich der Kaninchenzucht und anderen ersuchen. In der Tat sind wir eine junge Struktur, die wachsen will und wollen die Produktion, Vermarktung und die Verteilung von Kaninchen in großem Maßstab in unserem Land entwickeln. In der Elfenbeinküste (Afrika im Westen) verfügen wir über 1ha unerschlossenen Grundstücks und brauchen noch Facharbeiter, ein Gutachten und auch eine Studie wurde schon gemacht. Diese Studie enthüllt, dass dieser Bereich sehr ertragreich und rentabel ist. Wir erinnern daran, dass dieser Bereich (die Kaninchenzucht), fast nicht vorhanden ist und in einer handwerklichen Art und Weise in unserem Land praktiziert wird. Wir machen dieses Gesuch an Sie, um Sie um eine Unterstützung und um eine Partnerschaft und einen Besuch hier zu bitten, um zusammen eine Industriestruktur zu schaffen. Wir hoffen auf die Verwirklichung dieses Projekts, in der jeder Teil ein Maximum des Nutzen ziehen wird.

Hochachtungsvoll

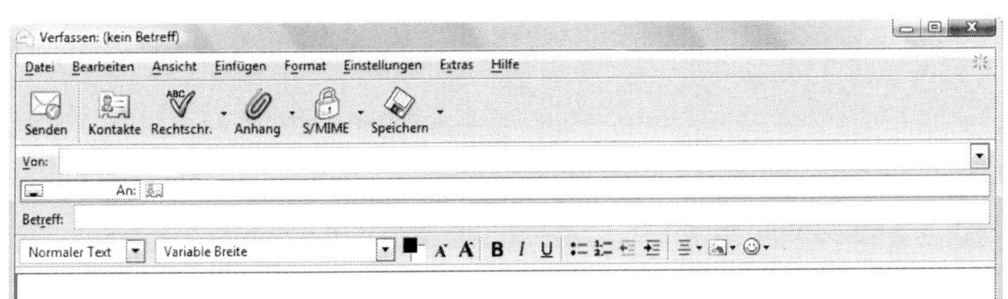

Dear Sir,
We come by this present to request near you a partnership in the field of rabbit breeding and others.
Indeed, we are a young structure in becoming and wish to develop the production, the marketing and the distribution of rabbits on a large scale in our country.
Localised in Cote d'Ivoire (West Africa), we just have an espace (1hectare of open area) to do it, a qualified labour, an expertise and also make a marketing.
This marketing shows that this sector is very carrying and profitable.
We remember you that this sector (Rabbit breeding) is not well known and is practised in an artisanal way in our country.
Thus, we come by this to ask you an assistance and want to establish a partnership with you.
We also need a visit of work in our country in order to create an industrial enterprise together here.
We are very devoted for the realization of this project in which, each part will extract a maximum of profit.
In the hope that this present will retain your approval, please accept Mister the expression of our deep respect.

Ihre Anfälligkeit einem Anlagebetrug zum Opfer zu fallen, ist besonders gross, wenn folgende Persönlichkeitsmerkmale und Situationen zusammentreffen!

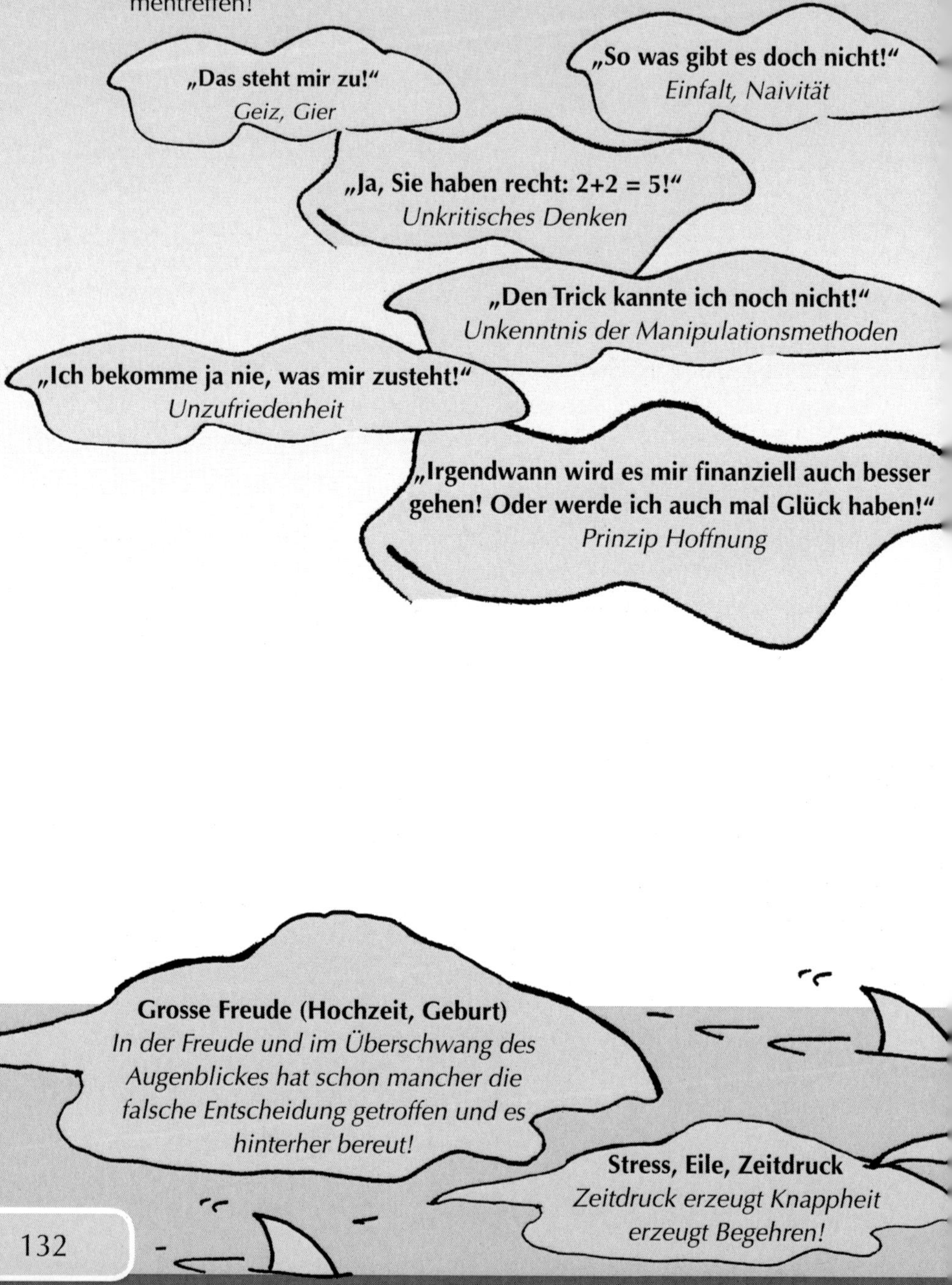

„Das steht mir zu!“
Geiz, Gier

„So was gibt es doch nicht!“
Einfalt, Naivität

„Ja, Sie haben recht: 2+2 = 5!“
Unkritisches Denken

„Den Trick kannte ich noch nicht!“
Unkenntnis der Manipulationsmethoden

„Ich bekomme ja nie, was mir zusteht!“
Unzufriedenheit

„Irgendwann wird es mir finanziell auch besser gehen! Oder werde ich auch mal Glück haben!“
Prinzip Hoffnung

Grosse Freude (Hochzeit, Geburt)
In der Freude und im Überschwang des Augenblickes hat schon mancher die falsche Entscheidung getroffen und es hinterher bereut!

Stress, Eile, Zeitdruck
Zeitdruck erzeugt Knappheit erzeugt Begehren!

„Ist das echt so einfach?"
Leichtgläubigkeit

„Alle Menschen sind gut!"
Gutmenschdenken

„Ich bin ein Glückskind!"
Hoffnungsloser Optimist

„Mir passiert schon nichts!"
Unverwundbarkeit

„Mich kann keiner hereinlegen!"
Glaube, nicht manipulierbar zu sein

„Mir macht keiner was vor!"
Glaube an bessere Wahrnehmungsfähigkeit

„No Risk, no Fun!"
Risikofreudig, Spielernatur

„Ich will auch, was alle anderen haben!"
Neid, Missgunst

Grosser Verlust
Werfe nie gutes Geld schlechtem nach!

Grosser Gewinn, Erbe
Grosse Gewinne, sei es im Glücksspiel oder an der Börse sprechen sich immer rum und ziehen auch Betrüger an!

4.1.3. Kreditvermittlungsbetrug

„Das versprochene Ende der Sorgen ist erst deren Anfang..."

Beim Kreditvermittlungsbetrug gibt es grundsätzlich 2 verschiedene Formen:

a) Kreditvermittlung unter den bankenüblichen Zinssätzen.

b) Kreditvermittlung an solche Personen, die sonst keine Kredite mehr bekommen würden.

Die Europäische Union schätzt das Volumen des Markts für Verbraucherkredite in der EU auf ungefähr EUR 800 Mrd. Ungefähr 18 % des Bruttoertrags aus dem Privatkundengeschäft der Banken in der EU werden mit Verbraucherkrediten erwirtschaftet. (Quelle: Intrum Justizia) Direkte Zahlen zu Privatverschuldungen werden in der Schweiz derzeit nicht erhoben. In Deutschland gibt die Schufa einen Schuldenindex heraus.

Erkennungsmerkmale betrügerischer Angebote

- **„Nur für Sie..."** Die Angebote versprechen Kredite ohne Überprüfung des Betreibungsregisters oder des Zentralen Kreditregisters! www.zek.info
  Selbst bei schweren finanziellen Notlagen werden Kredite in Aussicht gestellt.
- **„Nur für Sie..."** Die Höhe der Darlehen und Kredite übersteigt die marktüblichen Grenzen!
  Zum Beispiel: Finanzierung des neuen Hauses mit einer Hypothek bis zu 100 % des Hauswertes.
- **„Das machen alle so..."** Um den Kredit ausbezahlt zu bekommen, wird zunächst Geld verlangt!
  Angebliche Vorauszahlungen oder Einzahlungen in einen „Fonds", ein „Sicherheitsdepot" oder dergleichen.
- **„Zu schön, um wahr zu sein!"** Die Zinsen sind deutlich niedriger oder
- **„Entwaffnende Ehrlichkeit..."** Die Zinsen sind sehr viel höher als bei Banken üblich!

Was kann Ihnen bei solchen unseriösen Kreditvermittlern passieren?

- Ihr als Einlage geleistetes „Sicherheitsdepot" ist verloren!
- Das Geschäft platzt, oder Sie erhalten die Anschaffung, die Sie finanzieren wollten, nicht!
- Sie haben nachher deutlich mehr Schulden zu noch schlechteren Konditionen!

Die Eule rät

1. Wenn Ihnen Ihre Bank keinen Kredit mehr gibt, wenden Sie sich an eine Budget- oder Schuldenberatungsstelle!
2. Wenn Ihnen Ihre Bank keinen Kredit mehr gibt, wenden Sie sich an eine Budget- oder Schuldenberatungsstelle!
3. Wenn Ihnen Ihre Bank keinen Kredit mehr gibt, wenden Sie sich an eine Budget- oder Schuldenberatungsstelle! Adressen siehe Webseite.
4. Leisten Sie bei Kreditgeschäften niemals Bareinzahlungen in irgendwelche „Sicherheitsfonds"! Das ist unseriös und verdächtig!

Was tun, wenn Sie schon geschädigt wurden?

Bei begründetem Betrugsverdacht, Anzeige bei der Polizei empfohlen!

Ihre Anfälligkeit einem Kreditvermittlungsbetrug zum Opfer zu fallen ist besonders gross, wenn folgende Persönlichkeitsmerkmale und Situationen zusammentreffen!

„Das steht mir zu!"
Geiz, Gier

„Alle Menschen sind gut!"
Gutmenschdenken

„Ja, Sie haben recht: 2+2 = 5!"
Unkritisches Denken

„Ich bin ein Glückskind!"
Hoffnungsloser Optimist

„Ist das echt so einfach?"
Leichtgläubigkeit

„Den Trick kannte ich noch nicht!"
Unkenntnis der Manipulationsmethoden

„Immer passiert mir so was!"
unterdurchschnittliches Selbstbewusstsein, Opfermentalität

Finanzielle Krise
Wer in Not ist, braucht keinen Strohhalm, sondern eine solide Lösung!

Stress, Eile, Zeitdruck
Zeitdruck erzeugt Knappheit erzeugt Begehren!

„Ich bekomme ja nie, was mir zusteht!"
Unzufriedenheit

„Irgendwann wird es mir finanziell auch besser gehen! Oder werde ich auch mal Glück haben!"
Prinzip Hoffnung

„Ich will auch, was alle anderen haben!"
Neid, Missgunst

„Mir passiert schon nichts!"
Unverwundbarkeit

„So was gibt es doch nicht!"
Einfalt / Naivität

„Mich kann keiner hereinlegen!"
Glaube, nicht manipulierbar zu sein

Lebenskrisen
Angstschweiss zieht Betrüger genau so an, wie Blut Haie!

Grosser Verlust
Werfe nie gutes Geld schlechtem nach!

Grosse Sorgen / Ängste
Sorgen und Ängste sind kein guter Ratgeber für Entscheidungen!

4.1.4. Vorschussbetrug / Nigerianische Betrügerbanden

„Betrüger gibt es überall, auch in Nigeria...“

Kennen Sie jemanden aus Nigeria? Nein!
Dann antworten Sie auch nicht auf Briefe, Faxe oder E-Mails mit irgendwelchen Angeboten!

So einfach könnte man das Thema erledigen, wäre da nicht die menschliche NeuGIER!

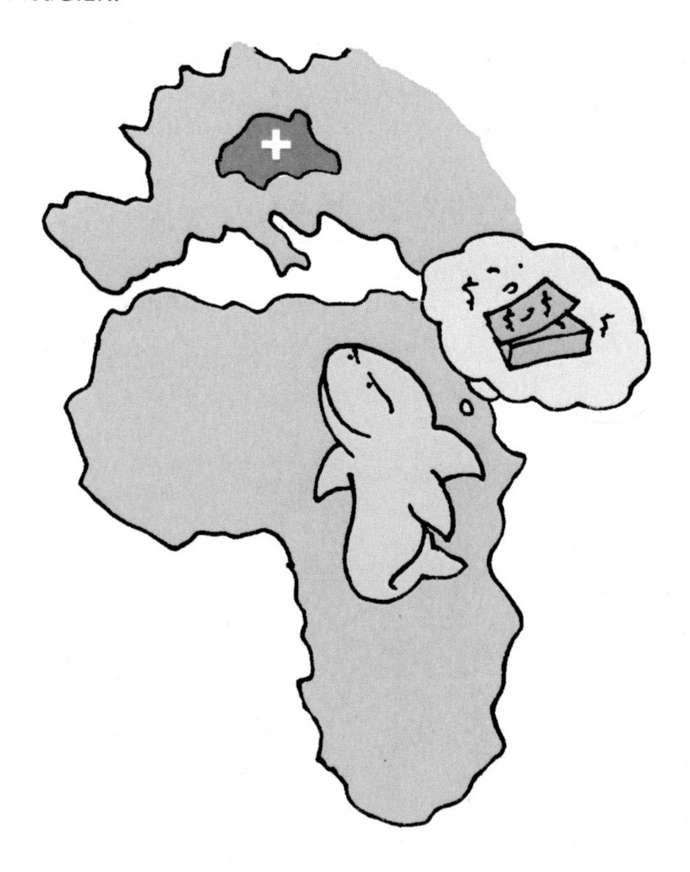

Ablauf des Tricks und Erkennungsmerkmale

- Sie erhalten ein E-Mail, mitunter auch noch Faxe oder Briefe, in denen die Betrüger Ihnen mitteilen, dass Sie ein **Millionenvermögen** ausser Landes schaffen müssten.
- Dazu benötige man **Ihre Dienste** und man sei durch **Empfehlung** auf Sie als besonders ehrlichen Menschen aufmerksam gemacht worden.
- Selbstverständlich erhalte man dafür, je nach Absender, zwischen 5 -30 % Provision, was dann schnell mal **3-100 Mio. $** entspricht.
- Um nun die Transaktion aber abwickeln zu können, wird ein **Zeichen Ihrer „Ehrlichkeit"** erwartet und dies bedeutet, man erwartet zunächst Geld von Ihnen oder eine **Probeüberweisung** oder ähnlich unsinnige Begründungen, wie z. B. angebliche Überweisungsgebühren, Reisekosten, Anwaltsgebühren, Schmiergelder, Steuern, Bussen etc., um an Ihr Geld zu kommen.
- Es gab auch Fälle, in denen ein **Treffen** arrangiert wurde.
- Wenn Sie die **Überweisung** dann getätigt haben, können Sie sicher sein, dass Sie nie wieder etwas von diesen Betrügern hören und von Ihrem Geld sehen werden.
- Aber Ihre **Adresse** wird weiter gereicht an andere Betrüger und schon bald bekommen Sie Post, diesmal mit einer neuen Methode.

Derartige Zusendungen, mit anderen Geschichten, können natürlich auch aus jedem anderen Land der Erde kommen!

Hier ein Beispiel eines solchen E-Mails.
Man beachte die ausgefeilte Art der Ausdrucksweise.

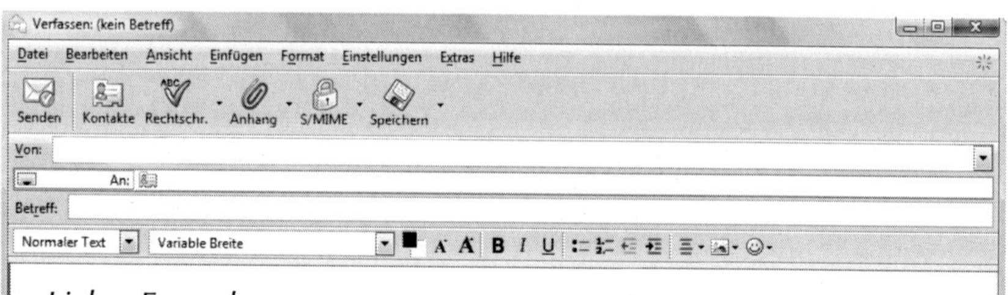

„Lieber Freund
Ich vermute das diese E-Mail eine Überraschung für Sie sein wird, aber es ist wahr. Ich bin bei einer routinen Überprüfung in meiner Bank (Standard Bank von Süd Afrika) wo ich arbeite, auf einem Konto gestossen, was nicht in anspruch genommen worden ist, wo derzeit $12,500,000 (zwölfmillionenfünfhundert US Dollar) gutgeschrieben sind.
Dieses Konto gehörte Herrn Manfred Becker, der ein Kunde in unsere Bank war, der leider verstorben ist. Herr Becker war ein gebürtiger Deutscher. Damit es mir möglich ist dieses Geld $12,500,000 inanspruch zunehmen, benötige ich die zusammenarbeit eines Ausländischen Partners wie Sie,den ich als Verwandter und Erbe des verstorbenen Herrn Becker vorstellen kann,damit wir das Geld inanspruch nehmen können.
Für diese Unterstützung erhalten Sie 30 % der Erbschaftsumme und die restlichen 70 % teile ich mir mit meinen zwei Arbeitskollegen, die mich bei dieser Transaktion ebenfalls unterstützen.Wenn Sie interessiert sind, können Sie mir bitte eine E-Mail schicken, damit ich Ihnen mehr Details zukommen lassen kann.
Schicken Sie bitte Ihre Antwort auf diese E-Mail Adresse: (martinsweberdito@XXXXXXXX.com)
Mit freundlichen Grüssen
MARTINS WEBER DITO“

Die Eule rät

- Derartige Nachrichten vernichten und nicht darauf eingehen!
- Machen Sie sich keinen Spass mit den Absendern und gehen zum Schein auf ihre Briefe ein, Sie haben es hier mit organisierter Kriminalität zu tun, denen ein Menschenleben nichts bedeutet!

Was tun, wenn Sie schon geschädigt wurden?

Da die Täter im Ausland vermutlich unter falschem Namen agieren, kann die Polizei nicht weiterhelfen.

Wichtig: Es gibt auch seriöse nigerianische Geschäftsleute!

Diese leiden unter dem schlechten Ruf, den Nigeria durch diese Betrügerbriefe inzwischen erlangt hat, und erleiden grosse Einbussen. Wenn Sie neue Geschäftsbeziehungen mit nigerianischen Partnern eingehen und unsicher sind, ob es sich um einen Betrüger handeln könnte, raten wir Ihnen, zuerst Erkundigungen einzuholen (bei Ihrer Bank, bei der Schweizerischen Zentrale für Handelsförderung, bei der Schweizer Botschaft in Lagos). Tätigen Sie Warenlieferungen nur gegen Barzahlung (oder unwiderrufliches und von Ihrer Bank garantiertes Dokumentakkreditiv) und überprüfen Sie Dokumente auf ihre Echtheit.

Ihre Anfälligkeit einem Vorschussbetrug zum Opfer zu fallen ist besonders gross, wenn folgende Persönlichkeitsmerkmale und Situationen zusammentreffen!

„Das steht mir zu!"
Geiz, Gier

„So was gibt es doch nicht!"
Einfalt / Naivität

„Ist das echt so einfach?"
Leichtgläubigkeit

„Alle Menschen sind gut!"
Gutmenschdenken

„Ja, Sie haben recht: 2+2 = 5!"
Unkritisches Denken

„Den Trick kannte ich noch nicht!"
Unkenntnis der Manipulationsmethoden

„Mich kann keiner hereinlegen!"
Glaube, nicht manipulierbar zu sein

„Immer passiert mir so was!"
unterdurchschnittliches Selbstbewusstsein, Opfermentalität

Grosse Sorgen /Ängste
Sorgen und Ängste sind kein guter Ratgeber für Entscheidungen!

Langeweile
Wer sich langweilt, kommt auf die seltsamsten Gedanken, auch auf dumme und teure!

„Ich bin ein Glückskind!"
Hoffnungsloser Optimist

„Ich will auch, was alle anderen haben!"
Neid, Missgunst

„No Risk, no Fun!"
Risikofreudig, Spielernatur

„Mir passiert schon nichts!"
Unverwundbarkeit

„Ich bekomme ja nie, was mir zusteht!"
Unzufriedenheit

„Irgendwann wird es mir finanziell auch besser gehen! Oder werde ich auch mal Glück haben!"
Prinzip Hoffnung

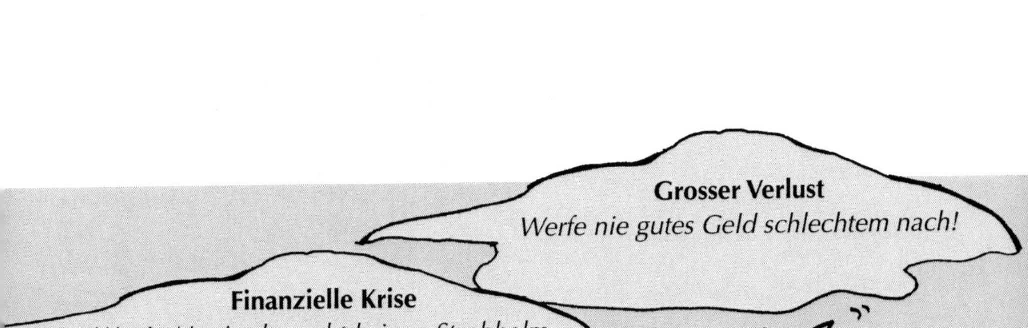

Grosser Verlust
Werfe nie gutes Geld schlechtem nach!

Finanzielle Krise
Wer in Not ist, braucht keinen Strohhalm, sondern eine solide Lösung!

4.1.5. Bargeldanweisungen

„Bargeld lacht, nur wenn es weg ist, weint so mancher..."

Einige Firmen bieten an, Geld von einem Ort der Erde direkt an einen andern Ort zu versenden und zwar ohne dafür ein Bankkonto zu benötigen. Das geht sowohl bar als auch mit Kreditkarte.

Ablauf normal

- Der Einzahlende geht an einen Schalter oder online, bzw. via Telefon mit Kreditkarte, und zahlt die zu überweisende Summe plus eine Gebühr ein. Er vermerkt, an wen das Geld gehen soll: Name, etc.
- Der Einzahlende teilt dem Empfänger eine Transaktionsnummer mit.
- Der Empfänger geht an dem Ort, an dem er sich befindet, ebenfalls in eine Filiale des Überweisungsunternehmens, legt seinen Ausweis vor und gibt eine Transaktionsnummer an. Er erhält dann das Geld.
- Das Ganze kann innerhalb von Minuten über die Bühne gehen.

Das ist besonders praktisch, wenn man plötzlich ohne Geld dasteht und sich etwas schicken lassen kann.

Betrüger setzen diese Zahlungsmethode gezielt ein, da sie keine Spuren hinterlässt. Ein gefälschter Ausweis - und der Betrug geht blitzschnell über die Bühne.

Betrugsmethoden und Erkennungsmerkmale

- **Mitleidsmasche**
  Das Betrugsopfer erhält einen herzzerreissenden Brief oder eine E-Mail mit einer rührenden Geschichte über ein ganz ergreifendes Schicksal. Am Schluss wird man dann aufgefordert, via Bargeldanweisung Geld zu senden!
- **Auto- oder Motorradkauf**
  Ein ausländischer Interessent meldet sich und ist an dem Auto oder Motorrad interessiert. Wird man sich einig, so „zahlt" er mittels Scheck. Dabei ist die Summe dann höher als der Kaufpreis und die Transportkosten. Der Käufer schlägt daraufhin vor, den überschüssigen Betrag vorab schon mal per Bargeldanweisung zurückzusenden. Wenn das Opfer Glück hat, verliert es nur dieses Geld, denn der Scheck ist natürlich nicht gedeckt. Wenn das Opfer Pech hat, ist auch noch das Auto oder Motorrad weg.
- **Andere Einkäufe oder Auktionen**
  Siehe oben
- **Nebenjob Finanzagenten**
  Via E-Mail oder in Anzeigen im Internet, aber auch via Voicechats wie ICQ oder ähnlichen, suchen ausländische Firmen Finanzagenten. Diese sollen das „Inkasso" für sie übernehmen, da die Firma über kein Konto in der Schweiz verfügt. Das Geld soll dann via Bargeldanweisung an die Firma überwiesen werden. Als Lohn erhält man eine Provision von 5-15 %. Geht man darauf ein, kommt auch sehr schnell Geld auf das Konto, doch dieses stammt aus Straftaten, meist Phishing! Solche Überweisungen fliegen aber schnell auf und man muss nicht nur nachher das Geld zurückzahlen, sondern auch noch mit einer Anzeige rechnen. Also Finger weg!
- **Vorschussbetrug**
  Siehe Vorschussbetrug / Nigeria Connection
- **Lotteriegewinne**
  Siehe angebliche Lotteriegewinne

Ihre Anfälligkeit einem Betrug via Bargeldanweisungen zum Opfer zu fallen ist besonders gross, wenn folgende Persönlichkeitsmerkmale und Situationen zusammentreffen!

„Ist das echt so einfach?“
Leichtgläubigkeit

„Das steht mir zu!“
Geiz, Gier

„Ich will auch, was alle anderen haben!“
Neid, Missgunst

„Ich bin ein Glückskind!“
Hoffnungsloser Optimist

„Alle Menschen sind gut!“
Gutmenschdenken

„Mich kann keiner hereinlegen!“
Glaube, nicht manipulierbar zu sein

„Ich bekomme ja nie, was mir zuste
Unzufriedenheit

„No Risk, no Fun!“
Risikofreudig, Spielernatur

Grosse Sorgen /Ängste
Sorgen und Ängste sind kein guter Ratgeber für Entscheidungen!

Langeweile
Wer sich langweilt, kommt auf die seltsamsten Gedanken, auch auf dumme und teure!

„So was gibt es doch nicht!“
Einfalt / Naivität

„Mir macht keiner was vor!“
Glaube an bessere Wahrnehmungsfähigkeit

„Mir passiert schon nichts!“
Unverwundbarkeit

„Den Trick kannte ich noch nicht!“
Unkenntnis der Manipulationsmethoden

„Immer passiert mir so was!“
unterdurchschnittliches Selbstbewusstsein, Opfermentalität

„Ja, Sie haben recht: 2+2 = 5!“
Unkritisches Denken

„Irgendwann wird es mir finanziell auch besser gehen! Oder werde ich auch mal Glück haben!“
Prinzip Hoffnung

Grosser Verlust
Werfe nie gutes Geld schlechtem nach!

Finanzielle Krise
Wer in Not ist, braucht keinen Strohhalm, sondern eine solide Lösung!

Die Eule rät

- Höchste Wachsamkeit ist geboten, wenn Ihr Gegenüber einen Bargeldanweisungsservice wie z. B. Western Union oder ähnliches vorschlägt!
- Seriöse Spendensammlungen werden NIE via Bargeldanweisung durchgeführt!
- Niemals Einkäufe oder Auktionswaren per Bargeldanweisung zahlen!
- Keinesfalls den angeblich mit Scheck zu viel gezahlten Kaufpreis per Bargeldanweisung zurücküberweisen!
- Niemals irgendwelche Zahlungen leisten, um dafür einen Lotteriegewinn oder eine hohe Summe Geld zu erhalten!
- Finger weg von „Finanzagenten" Tätigkeiten!

Was tun, wenn Sie schon geschädigt wurden?

Da die Täter im Ausland vermutlich unter falschem Namen agieren, kann die Polizei nicht weiterhelfen.

4.1.6. Schenkkreise

„Teure Abende in gemütlicher Gesellschaft..."

Herzenskreise, Geschenkkreise, Frauengeschenkkreise oder wie immer diese sich auch nennen mögen sind nicht auszurotten. Da nützt es auch nichts, wenn der Gesetzgeber das Organisieren und Werben für selbige unter Strafe stellt.
Das Einzahlen in einen solchen Geschenkkreis ist übrigens nicht strafbar, schliesslich gibt es auch kein Gesetz, dass man sein Geld nicht zum Fenster hinauswerfen darf!

Der Ablauf der Methode und Erkennungsmerkmale

- Mit dem Leisten der Einlage von CHF 100 bis 15'000 wird man in einen solchen Schenk-Kreis aufgenommen.
- Wöchentlich finden Treffen statt, mittlerweile weicht man dazu auch ins benachbarte Ausland aus, in denen alle Mitglieder animiert werden weitere Mitspieler anzuwerben. Da wird von einfachem Motivationstraining: „Du kannst neue Mitglieder finden", über schlechtes Gewissen: „Nur wegen dir konnten wir noch nicht auszahlen" bis zu Druck: „Jetzt reisst euch mal zusammen, es geht ja hier um die Gemeinschaft", alles Mögliche eingesetzt, um die Teilnehmer aktiv zu halten und neue Spieler zu gewinnen.
- Rein theoretisch muss jeder Teilnehmer 8 neue Teilnehmer finden, welche die gleiche Summe einzahlen, um dann eine Person zu beschenken. Der Schenk-Kreis ist in vier Hierarchiestufen aufgeteilt. Wenn alle acht Teilnehmer im äussersten Kreis den Teilnehmer in der Mitte (den Initianten) beschenkt haben, verlässt dieser den Kreis mit seinem „Geschenk", das bis zu 120'000 Franken betragen kann. Der Kreis teilt sich in zwei neue Kreise. Die Schenkenden rücken nun eine Stufe innerhalb des Kreises nach und es bildet sich je ein neuer Kreiskern. Die je acht freigewordenen Stellen im äussersten Kreis müssen wiederum besetzt werden und die Suche nach neuen gutgläubigen Spenderinnen beginnt von vorn.
- Es reicht also nicht, wenn man 8 neue Teilnehmer herbeibringt, sondern auch alle anderen 7 Teilnehmer müssen je 8 neue Teilnehmer bringen, welche die Zahlung leisten, ansonsten bekommt man sein Geld nicht wieder zurück, bzw. wird nicht „beschenkt".

Die Opfer solcher Schenkkreise werden in vielerlei Hinsicht bestraft

- Finanzielle Verluste, bis hin zum Ruin.
- Wegen Verstoss gegen das Lotteriegesetz.
- Verlust von Freunden oder Verwandten, die man versucht hat anzuwerben und mit denen man sich in Folge zerstritten hat.

Ihre Anfälligkeit einem Schenkkreis zum Opfer zu fallen ist besonders gross, wenn folgende Persönlichkeitsmerkmale und Situationen zusammentreffen!

„Ich will auch, was alle anderen haben!"
Neid, Missgunst

„Ist das echt so einfach?"
Leichtgläubigkeit

„Alle Menschen sind gut!"
Gutmenschdenken

„Immer passiert mir so was!"
unterdurchschnittliches Selbstbewusstsein, Opfermentalität

„Mir macht keiner was vor!"
Glaube an bessere Wahrnehmungsfähigkeit

„Mir passiert schon nichts!"
Unverwundbarkeit

„No Risk, no Fun!"
Risikofreudig, Spielernatur

Grosser Gewinn, Erbe
Grosse Gewinne, sei es im Glücksspiel oder an der Börse sprechen sich immer rum und ziehen auch Betrüger an!

Stress, Eile, Zeitdruck
Zeitdruck erzeugt Knappheit erzeugt Begehren!

Finanzielle Krise
Wer in Not ist, braucht keinen Strohhalm, sondern eine solide Lösung!

„Das steht mir zu!“
Geiz, Gier

„So was gibt es doch nicht!“
Einfalt, Naivität

„Ich bin ein Glückskind!“
Hoffnungsloser Optimist

„Ich bekomme ja nie, was mir zusteht!“
Unzufriedenheit

„Mich kann keiner hereinlegen!“
Glaube, nicht manipulierbar zu sein

„Den Trick kannte ich noch nicht!“
Unkenntnis der Manipulationsmethoden

„Ja, Sie haben recht: 2+2 = 5!“
Unkritisches Denken

„Irgendwann wird es mir finanziell auch besser gehen! Oder werde ich auch mal Glück haben!“
Prinzip Hoffnung

Langeweile
Wer sich langweilt, kommt auf die seltsamsten Gedanken, auch auf dumme und teure!

Lebenskrisen
Angstschweiss zieht Betrüger genau so an, wie Blut Haie!

Grosse Sorgen /Ängste
Sorgen und Ängste sind kein guter Ratgeber für Entscheidungen!

Grosser Verlust
Verfe nie gutes Geld schlechtem nach!

Die Eule rät

1. Beteiligen Sie sich nicht an solchen Schenkkreisen, Sie könnten finanzielle Verluste erleiden!
2. Beteiligen Sie sich nicht an solchen Schenkkreisen, Sie könnten sich strafbar machen!
3. Beteiligen Sie sich nicht an solchen Schenkkreisen, Sie könnten Ihren Freundeskreis verärgern oder verlieren!

Was tun, wenn Sie schon geschädigt wurden?

Bei begründetem Betrugsverdacht, Anzeige bei der Polizei empfohlen!

4.1.7. Falschgeld

„Blüten, die keine Freude bringen..."

Schweizer Franken

Falschgeld oder Blüten sind in der Schweiz kein grosses Problem. Die Zahl der falschen Frankennoten ist verschwindend gering. Meist sind es nur schlechte Farbkopien, welche allein aufgrund des Papiers schon auffallen sollten. Trotzdem ist es gut, die Noten zu kennen. Besuchen Sie dazu die Webseite der Nationalbank. Dort können Sie Interessantes über die Banknoten im Allgemeinen und über das Sicherheitskonzept im Besonderen erfahren.
http://www.snb.ch/de/iabout/cash/current/design/id/cash_current_design_principle

Ausländische Währungen

Etwas anders verhält es sich mit ausländischen Banknoten. Gerade der Euro oder der Dollar sind bei den Fälschern wegen der hohen Verbreitung ein begehrtes Objekt der Nachahmung. Hier empfehlen wir, wenn Sie in die Ferien fahren, sich im Vorfeld Ihrer Reise über die gängigen Banknoten zu informieren. Natürlich sind auch hier die Noten mit höherem Wert fälschungsanfälliger als die mit niedrigem.
Für die Euro Noten besuchen Sie die Europäische Zentralbank:
http://www.ecb.int/bc/euro/banknotes/security/html/index.de.html

Verwendete Methoden der Falschgeldbetrüger und Erkennungsmerkmale des Betruges

- **Guter Wechselkurs**
  In einigen Ländern bieten fliegende Wechselstuben auf der Strasse Geld zu einem sehr günstigen Wechselkurs an. Wenn Sie die Währung nicht sehr gut kennen, wissen Sie nicht, ob Sie Geld oder bunt bedrucktes Papier bekommen.
- **Wechselbetrug mit Falschgeld**
  Betrüger suchen sich gezielt Touristen aus und sprechen diese an, ob sie eine hochwertige Note wechseln können.
- **Wechselgeld bei fliegenden Händlern**
  Mitunter erhält man bei fliegenden Händlern nicht nur unnütze Waren zu überteuerten Preisen, sondern auch noch Falschgeld als Wechselgeld retour.
- **Falsche Note gegeben**
  Bei der Bezahlung reklamiert die Person, die Sie bezahlen plötzlich und zeigt Ihnen, dass Sie ihm angeblich falsche Noten, natürlich mit weniger Wert, gegeben hätten. In Taschenspielermanier wurden hier schnell die Noten ausgetauscht.

Die Eule rät

- Machen Sie sich mit den Banknoten des Ferienlandes vertraut!
- Wechseln Sie kein Geld auf der Strasse!
- Achten Sie auf das Wechselgeld, welches man Ihnen gibt!
- Seien Sie wachsam beim Bezahlen!

Was tun, wenn Sie schon geschädigt wurden?

Bei begründetem Betrugsverdacht, Anzeige bei der Polizei empfohlen!

Ihre Anfälligkeit einem Falschgeldbetrüger zum Opfer zu fallen ist besonders gross, wenn folgende Persönlichkeitsmerkmale und Situationen zusammentreffen!

„Ja, Sie haben recht: 2+2 = 5!"
Unkritisches Denken

„Immer passiert mir so was!"
unterdurchschnittliches Selbstbewusstsein, Opfermentalität

„Mich kann keiner hereinlegen!"
Glaube, nicht manipulierbar zu sein

„So was gibt es doch nicht!"
Einfalt, Naivität

Langeweile
Wer sich langweilt, kommt auf die seltsamsten Gedanken, auch auf dumme und teure!

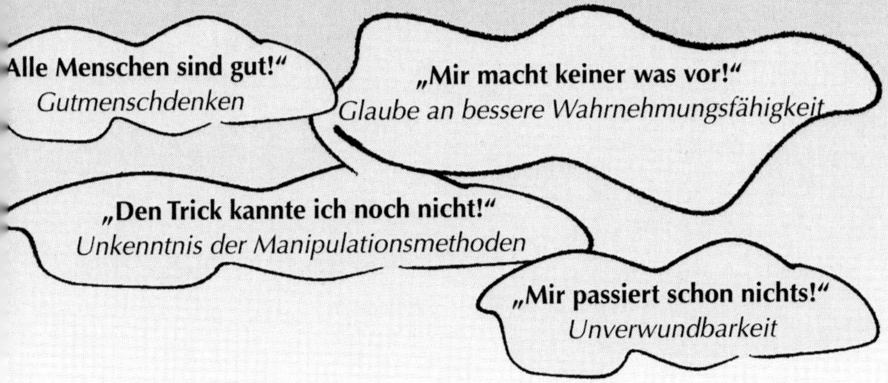

Alle Menschen sind gut!“
Gutmenschdenken

„Mir macht keiner was vor!“
Glaube an bessere Wahrnehmungsfähigkeit

„Den Trick kannte ich noch nicht!“
Unkenntnis der Manipulationsmethoden

„Mir passiert schon nichts!“
Unverwundbarkeit

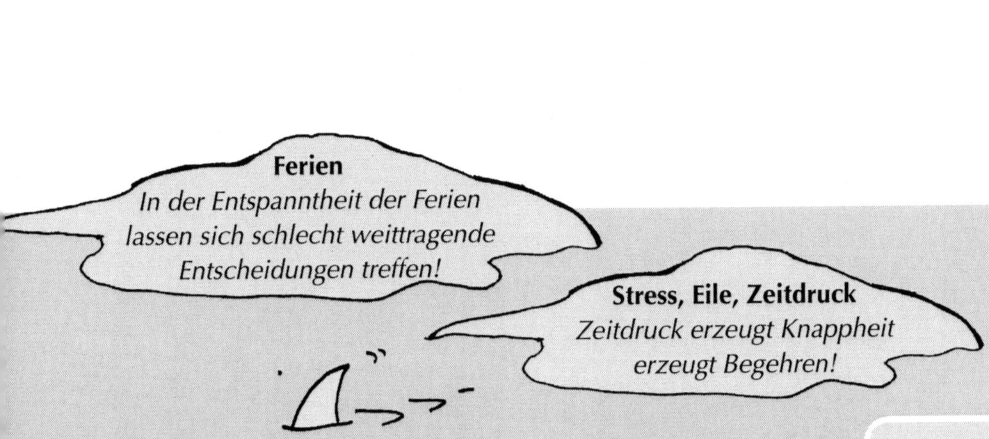

Ferien
In der Entspanntheit der Ferien lassen sich schlecht weittragende Entscheidungen treffen!

Stress, Eile, Zeitdruck
Zeitdruck erzeugt Knappheit erzeugt Begehren!

4.1.8. Angeblicher Lotteriegewinn

„Bei Lotterien zu gewinnen, an denen man nicht teil genommen hat, sollte einen schon stutzig machen..."

Hierunter versteht man die Benachrichtigung über einen Gewinn in einer Lotterie, welche zum Vorwand benutzt wird, dem potenziellen Gewinner Geld für angebliche Kosten (Anwalt, Steuern, o. ä.) zu entlocken. Es handelt sich somit um einen klassischen Vorschussbetrug.

Ausmass

Derzeit verstopfen Milliarden von derartigen E-Mails das Internet. Schätzungen gehen 2007 von 90-95 % Spam E-Mails aus, Tendenz weiter steigend. Fast jeder Besitzer eines E-Mailkontos bekommt täglich solche E-Mails, welche zum grössten Teil im Spam-Filter hängen bleiben.

Erkennungsmerkmale

1. **„Zu schön, um wahr zu sein!"** oder **„Nur für Sie..."**
   Sie haben in einer Lotterie gewonnen, an der Sie nicht teilgenommen haben!
2. **„Das machen alle so!"**
   Sie sollen nachträglich ein Los kaufen, also Geld zahlen!
3. **„Das machen alle so!"**
   Sie sollen Geld zahlen um Gewinnsteuer, Anwaltskosten oder ähnliches zu begleichen!

Die Eule rät

1. E-Mails löschen und fertig!
2. Nicht antworten!
3. Auf keinen Fall Adresse oder Bankdaten senden!
4. NIE Geldzahlungen leisten!

Was tun, wenn Sie schon geschädigt wurden?

Bei begründetem Betrugsverdacht, Anzeige bei der Polizei empfohlen!

Beispiel einer solchen E-Mail

Man muss es schon alleine wegen der genialen maschinellen Übersetzung ins Deutsche lesen.

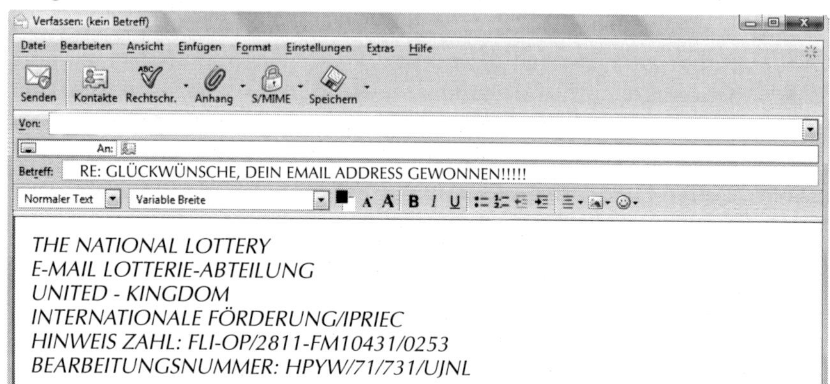

Verfassen: (kein Betreff)

Datei Bearbeiten Ansicht Einfügen Format Einstellungen Extras Hilfe

Senden Kontakte Rechtschr. Anhang S/MIME Speichern

Von:

An:

Betreff: RE: GLÜCKWÜNSCHE, DEIN EMAIL ADDRESS GEWONNEN!!!!!

THE NATIONAL LOTTERY
E-MAIL LOTTERIE-ABTEILUNG
UNITED - KINGDOM
INTERNATIONALE FÖRDERUNG/IPRIEC
HINWEIS ZAHL: FLI-OP/2811-FM10431/0253
BEARBEITUNGSNUMMER: HPYW/71/731/UJNL

Aufmerksamkeit Sieger,
Wir freuen uns, dich mitzuteilen, dass dein email address mit Karte Nr. verband: 51366221663-48031 mit Serie Nr.: 991-504-431 Betrag-Nr.: 7-34-61-55-9484, die in der 3. Reihe in unserem Lotterieprogramm gewannen, hielt auf der 3. von Jan. 2007, du sind angenommen worden für Pauschalsummebezahlung aus GBP£1Million heraus zerstösst (eine Million, grosse Briten zerstösst Sterling), das dir als einer der glücklichen Sieger gezahlt wird, alles Partakers dieses Programms wurden vorgewählt über Computerstimmzettelsystem, die dein email address zu den glücklichen Siegern gehörte. Du wirst angefordert, mit unserem Regulierer sofort, damit deine Akte und verarbeitet wird, dein gewonnener Preis zu dir an oder vor dem 30. April 2007 freigegeben wird, als jedes in Verbindung zu treten unclaimed Summe/Preis, nachdem das oben genannte Datum zu unserem Fiskus wie unclaimed Preis zurückgebracht wird, so du müssen in der Note mit dem Regulierer, sofort sein, zum deines Preiss zu vermeiden, der zu unserem Fiskus zurückgegangen wird .
Für deinen Anspruch einordnen , mit unserem Regulierer mit unterhalb Informationen in Verbindung treten:
Mr. Mark XXXXX
Von THE NATIONAL LOTTERY
E-MAIL: markthackray3@xxxx.co.uk
Telefon: +44-xxx-4172620
Anmerkung: Du sollst in Verbindung treten mit unserem Regulierer mit deinen vollen Namen, Telefonnummer für weitere Erklärungen und Anweisung in, wie dein Preis, immer sich zu erinnern deinen, oben genannten Hinweis und Bearbeitungsnummern in jeder Korrespondenz zu den Kennzeichnung Zwecken einzuschliessen und die Zahlen mit dir zu halten behauptet wird, da er jederzeit durch den Regulierer angefordert wird.
Mit freundlichen Grüssen
Mr. Phil XXXXX
Mitteilung Mittel
E-mail Lotterie-Abteilung / The National Lottery.

Ihre Anfälligkeit einem angeblichen Lotteriegewinn zum Opfer zu fallen ist besonders gross, wenn folgende Persönlichkeitsmerkmale und Situationen zusammentreffen!

„Das steht mir zu!“
Geiz, Gier

„So was gibt es doch nicht!“
Einfalt, Naivität

„Mir passiert schon nichts!“
Unverwundbarkeit

„Ich bin ein Glückskind!“
Hoffnungsloser Optimist

„Ich bekomme ja nie, was mir zusteht!“
Unzufriedenheit

„Ich will auch, was alle anderen haben!“
Neid, Missgunst

„Irgendwann wird es mir finanziell auch besser gehen! Oder werde ich auch mal Glück haben!“
Prinzip Hoffnung

Stress, Eile, Zeitdruck
Zeitdruck erzeugt Knappheit erzeugt Begehren!

Grosser Gewinn, Erbe
Grosse Gewinne, sei es im Glücksspiel oder an der Börse sprechen sich immer rum und ziehen auch Betrüger an!

Lebenskrisen
Angstschweiss zieht Betrüge genau so an, wie Blut Haie

Langeweile
Wer sich langweilt, kommt auf die seltsamsten Gedanken, auch auf dumme und teure!

„Ja, Sie haben recht: 2+2 = 5!“
Unkritisches Denken

„Mir macht keiner was vor!“
Glaube an bessere Wahrnehmungsfähigkeit

„Ist das echt so einfach?“
Leichtgläubigkeit

„Den Trick kannte ich noch nicht!“
Unkenntnis der Manipulationsmethoden

„Alle Menschen sind gut!“
Gutmenschdenken

„Immer passiert mir so was!“
unterdurchschnittliches Selbstbewusstsein, Opfermentalität

„No Risk, no Fun!“
Risikofreudig, Spielernatur

„Mich kann keiner hereinlegen!“
Glaube, nicht manipulierbar zu sein

Ferien
In der Entspanntheit der Ferien lassen sich schlecht weittragende Entscheidungen treffen!

Finanzielle Krise
Wer in Not ist, braucht keinen Strohhalm, sondern eine solide Lösung!

Grosser Verlust
Werfe nie gutes Geld schlechtem nach!

Grosse Sorgen /Ängste
Sorgen und Ängste sind kein guter Ratgeber für Entscheidungen!

4.2. Internetbetrug

„Die unendlichen Weiten des Internets bergen viele Möglichkeiten und damit auch einige Gefahren"

Es ist nur ganz natürlich, dass das Internet ein Abbild der Realität darstellt. Das bedeutet, dass es dort genauso Licht, wie eben auch den Schatten der Kriminalität gibt. Für manche Betrugsmethoden eignet sich das Internet allerdings viel besser, da die Betrüger mit kleinem Aufwand grosse Erfolge erzielen können. Auch bietet das Internet durch seine Anonymität eine gute Deckung für Betrüger. Sie können sich Identitäten zulegen, aufbauen und diese blitzschnell wieder ändern. Oft sind die Dinge im Internet nicht, wie sie erscheinen und man ist gut beraten, sich nicht nur auf Informationen aus dem Internet zu verlassen. Wenn es um Entscheidungen mit finanzieller Tragweite geht, dann behalten Sie einen kritischen Blickwinkel auf die Dinge und prüfen die Aussagen Ihres Gegenübers. Und daneben geniessen Sie die Vorteile, welche uns das Internet bietet.

- Stand Nov. 2007 benutzen ca. 75 % aller Schweizer das Internet täglich oder mehrmals wöchentlich (Quelle: www.bfs.admin.ch).
- Die Schweiz belegt, gemäss einer Studie der OECD, weltweit den 4. Platz bei Breitbandanschlüssen und liegt damit weit über dem Durchschnitt. *
- 42,5 % aller internetaktiven Männer kaufen mindestens einmal pro Monat im Internet, bei den internetaktiven Frauen sind es nur 22,5 %, allerdings bei Mobiltelefonen steigende Tendenz. *
- 35 % aller internetaktiven Schweizer wickeln ihre Bankgeschäfte über das Internet ab. *
- Der Umsatz im Internethandel hat sich 2006 mit insgesamt 4,24 Milliarden Schweizer Franken auf nahezu den doppelten Betrag im Vergleich zu 2003 eingependelt. *
- Dabei geben Schweizer Konsumenten jährlich etwa pro Kopf CHF 618 aus. *

Allein durch die hohe Dichte der Internetnutzung und Breitbandanschlüsse sind Schweizer im weltweiten Vergleich natürlich auch von Betrugsversuchen aus dem Internet überproportional betroffen.

Es kommt hinzu, dass in einer 2006 von Isopublic gemachten Umfrage über die Sorgen und Ängste der SchweizerInnen die Angst vor Internetkriminalität an 2. Stelle genant wurde. Hier gibt es also zumindest eine gefühlte Gefahr, vor der man sich nur durch Information und Aufklärung schützen kann.

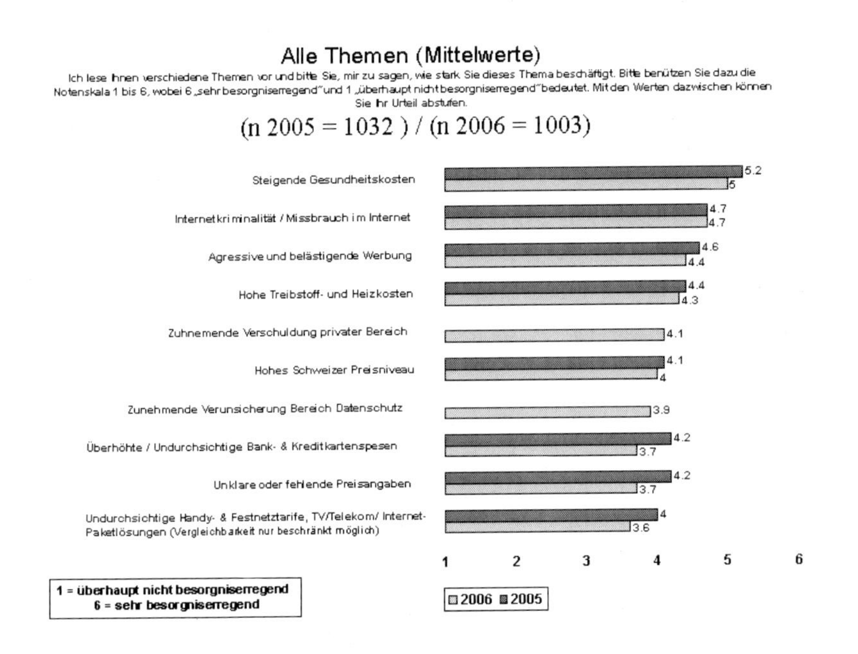

(* = Quelle: Studie „Schweizer Onlinehandel –Internetnutzung 2007" der Universität St. Gallen)

Grundsätzlich empfehlen wir, die folgenden Tipps bei Geschäften im Internet zu beachten:

- Achten Sie auf die 6 Regeln des Online Einkaufes! (Download auf der Webseite)
- Lassen Sie sich nicht von amtlich daherkommenden E-Mails oder Webseiten einschüchtern!
- Rechnungen für Waren oder Dienstleistungen, welche Sie nicht bestellt haben, müssen Sie auch nicht zahlen!
- Geben Sie nie Kontoinformationen oder Passwörter preis.
- Laden Sie nichts von unbekannten Webseiten herunter und öffnen Sie keine E-Mailanhänge von Unbekannten!
- Je verwirrender die Geschichte ist, die man Ihnen auftischt, desto mehr Grund haben Sie, die Finger von der Sache zu lassen.
- Seien Sie doppelt vorsichtig bei Gratisangeboten, niemand hat etwas zu verschenken!
- Wenn es um Entscheidungen mit finanzieller Tragweite geht, dann behalten Sie einen kritischen Blickwinkel auf die Dinge und prüfen die Aussagen Ihres Gegenübers!
- Bei begründetem Betrugsverdacht, empfehlen wir Anzeige bei der Polizei zu erstatten!

Folgende Betrugsmethoden werden wir näher erklären:

4.2.1. Auktionsbetrug
„1, 2, 3 und das Geld ist weg..."
Lesen Sie hierzu mehr auf Seite 170.

4.2.2. Betrug beim Online Einkauf
„Wenn Ihr Einkauf nur dem Betrüger etwas einbringt..."
Lesen Sie hierzu mehr auf Seite 176.

4.2.3. Auto- / Motorradkauf via Internet
„Wenn ein gutes Geschäft zur Enttäuschung wird..."
Lesen Sie hierzu mehr auf Seite 182.

4.2.4. Vorschussbetrug / Nigeria Connection
„Betrüger gibt es überall, auch in Nigeria..."
Lesen Sie hierzu mehr auf Seite 188.

4.2.5. „Gratis" Angebote und Abonnements
„Ein Klick und der Ärger geht los..."
Lesen Sie hierzu mehr auf Seite 194.

4.2.6. Phishing
„Den Betrügern ins Netz gegangen..."
Lesen Sie hierzu mehr auf Seite 198.

4.2.7. Unseriöse Arbeitsangebote
„Oft besteht die meiste Arbeit darin, die Betrüger wieder loszuwerden oder sich von der Schuld reinzuwaschen..."
Lesen Sie hierzu mehr auf Seite 202.

4.2.8. Angebliche Lotteriegewinne „Loteria Primitiva"
„In Lotterien zu gewinnen, bei denen man nicht mitgespielt hat, ist entweder ein Wunder oder Betrug..."
Lesen Sie hierzu mehr auf Seite 208.

4.2.1. Auktionsbetrug

„1, 2, 3 und das Geld ist weg..."

Darunter versteht man insbesondere:

- Kunde überweist Geld und Verkäufer sendet keine Ware.
- Kunde überweist Geld und Verkäufer sendet absichtlich minderwertige oder defekte Ware.
- Verkäufer sendet Ware per Nachnahme und es ist nur Abfall im Paket.
- Verkäufer schlägt Escrow-Service vor und der ist unseriös.

Ausmass

Mit der zunehmenden Bedeutung von Auktionen im Handelsgeschehen steigt natürlich auch die Zahl der dort vorkommenden Betrugsfälle. Durch die Medien gehen immer wieder die grossen Betrugsfälle, allerdings kommen eine Vielzahl von kleineren Betrugsdelikten nie an die Öffentlichkeit, weil nur selten Anzeige erstattet wird. Das vermeintliche Schnäppchen kann mitunter auch zum Ärgernis werden, wenn man feststellen muss, einem Betrüger aufgesessen zu sein. Der Umsatz im Internethandel hat sich 2006 mit insgesamt 4,24 Milliarden Schweizer Franken auf nahezu den doppelten Betrag im Vergleich zu 2003 eingependelt. (Quelle: Studie „Der Schweizer Online-Handel, Internetnutzung Schweiz 2007" der Universität St. Gallen)

Erkennungsmerkmale für die Betrugsart
Folgende Punkte sollten Sie achtsam werden lassen, auch wenn es noch keine direkten Betrugshinweise sind:

- **„Zu schön, um wahr zu sein!"** Absolute Tiefstpreise
  „Wenn etwas zu gut klingt, um wahr zu sein, dann ist es meist auch nicht wahr!"
  Damit sprechen die Betrüger den Geiz oder die Gier der potenziellen Opfer an. Das ist mit Abstand der häufigste Grund, warum Menschen Opfer von Betrügern werden.

- **Verkäufer kommt aus einem Entwicklungsland**
  Wir wollen hier wahrlich keine dummen Vorurteile nähren, leider ist es jedoch so, dass das Risiko als Käufer steigt, wenn der Verkäufer aus einem Entwicklungsland stammt.

- **Bei den Auktionen des Verkäufers tauchen immer wieder die gleichen Bieter auf**
  Sicher haben Verkäufer auch Stammkunden, allerdings dienen bei Betrügern die gleichen Bieter nur dazu, die Preise hochzutreiben.

- **„Das machen alle so..."** Verkäufer schlägt externen Treuhandservice oder Western Union, bzw. einen Geldtransferservice vor oder will nur per Nachnahme liefern
  - Am besten nutzen Sie den hauseigenen Treuhandservice des Auktionshauses, das gibt eine grosse Sicherheit!
  - Machen Sie NIE Zahlungen via Geldtransferservice, egal wie herzzerreissend die Geschichte auch sein mag, die man Ihnen auftischt!
  - Bei Nachnahme laufen Sie Gefahr, dass der Inhalt des Paketes nicht Ihrer Bestellung entspricht und dann ist das Geld auch weg.

Beispiele
Das Internet ist voll von Beispielen zu Betrügereien via eBay und anderen Auktionsplattformen. Wir beschränken uns daher darauf, einige Adressen zu nennen.

Die Eule rät

Tipps, die mit eBay Schweiz erarbeitet wurden:

1. Sie brauchen ein sicheres Passwort!
2. Schützen Sie sich vor Phishing und Datenklau!
3. Wählen Sie Ihren Verkäufer richtig!
4. Bezahlen Sie auf sichere Art und Weise!
5. Beschäftigen Sie sich genau mit dem Angebot!
6. Nutzen Sie eine sichere Netzwerkverbindung!

Eine ausführlichere Version finden Sie als PDF auf der Webseite!

Was tun, wenn Sie schon geschädigt wurden?

Bei begründetem Betrugsverdacht, empfehlen wir Anzeige bei der Polizei zu erstatten!

Folgende Persönlichkeitsmerkmale und Situationen erhöhen die Anfälligkeit für diese Betrugsart.

„Das steht mir zu!“
Geiz, Gier

„So was gibt es doch nicht!“
Einfalt, Naivität

„Mir macht keiner was vor!“
Glaube an bessere Wahrnehmungsfähigkeit

„Mir passiert schon nichts!“
Unverwundbarkeit

„Ist das echt so einfach?“
Leichtgläubigkeit

„Mich kann keiner hereinlegen!“
Glaube, nicht manipulierbar zu sein

Langeweile
Wer sich langweilt, kommt auf die seltsamsten Gedanken, auch auf dumme und teure!

„Immer passiert mir so was!“
unterdurchschnittliches Selbstbewusstsein, Opfermentalität

„Alle Menschen sind gut!“
Gutmenschdenken

„Den Trick kannte ich noch nicht!“
Unkenntnis der Manipulationsmethoden

h will auch, was alle anderen haben!“
Neid, Missgunst

„No Risk, no Fun!“
Risikofreudig, Spielernatur

„Ich bekomme ja nie, was mir zusteht!“
Unzufriedenheit

„Ja, Sie haben recht: 2+2 = 5!“
Unkritisches Denken

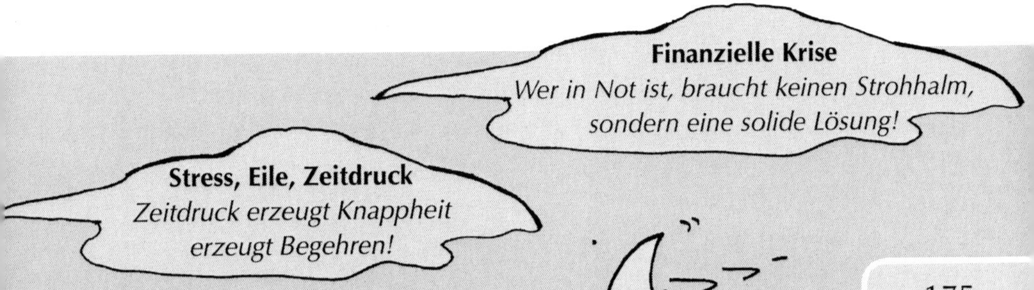

Finanzielle Krise
Wer in Not ist, braucht keinen Strohhalm, sondern eine solide Lösung!

Stress, Eile, Zeitdruck
Zeitdruck erzeugt Knappheit erzeugt Begehren!

4.2.2. Betrug beim Online Einkauf

„Wenn Ihr Einkauf nur den Betrügern etwas einbringt...“

Grundsätzlich empfehlen wir, auch das Kapitel über Auktionsbetrug zu lesen!
Weitere spezielle Informationen zum Betrug beim Online Einkauf finden Sie hier.

Unter Betrug beim Online Einkauf verstehen wir in erster Linie Folgendes:

- Sie haben Ware bezahlt, aber diese nie erhalten.
- Sie haben minderwertige oder schadhafte Ware erhalten und bekommen keinen Ersatz.

Ausmass

Der Umsatz im Internethandel hat sich 2006 mit insgesamt 4,24 Milliarden Schweizer Franken auf nahezu den doppelten Betrag im Vergleich zu 2003 eingependelt. (Quelle: Studie „Der Schweizer Online-Handel, Internetnutzung Schweiz 2007“ der Universität St. Gallen)

Erkennungsmerkmale für die Betrugsart
Folgende Punkte sollten Sie achtsam werden lassen, auch wenn es noch keine direkten Betrugshinweise sind:

- **„Zu schön, um wahr zu sein!"** Bestellmöglichkeiten via Spam E-Mails
  Egal, wie günstig die Angebote in diesen E-Mails auch sein mögen, sie bergen immer Risiken.
  - Abgesehen davon ist es äusserst unwahrscheinlich, dass Sie die Ware je erhalten und wenn, dann können Sie nicht sicher sein, ob sie funktioniert.
  - Vermutlich ist es ein Imitat, Hehlerware oder eine Fälschung. Bei Arzneien oder Lebensmitteln kann das sogar lebensgefährlich sein.
  - Ausserdem sollten Sie schon aus Prinzip nicht diese Machenschaften unterstützen. Denn Spammer sind für 90 % des E-Mailverkehrs weltweit verantwortlich und richten einen immensen volkswirtschaftlichen Schaden an, den wir alle zahlen müssen.
  - Ausserdem legen es diese Betrüger oft nur darauf an, in den Besitz Ihrer Kreditkartendaten zu kommen.

- **Bereits bei der Anmeldung, also ohne Bestellung, wird nach der Kreditkarte gefragt**
  Manche Shops werden nur angelegt, um Ihnen diese Daten zu entlocken. Oft haben diese Shops supergünstige Lockangebote, um Ihr Interesse zu erwecken.

- **„Das machen alle so..."** Verkäufer schlägt unbekannten Treuhandservice oder Western Union, bzw. einen Geldtransferservice vor oder will nur per Nachnahme liefern
  - Am besten nutzen Sie nur Ihren Treuhandservice, das gibt eine grössere Sicherheit!
  - Machen Sie NIE Zahlungen via Geldtransferservice, egal wie herzzerreissend die Geschichte auch sein mag, die man Ihnen auftischt!
  - Bei Nachnahme laufen Sie Gefahr, dass der Inhalt des Paketes nicht Ihrer Bestellung entspricht und dann ist das Geld auch weg.

Die Eule rät
Lt. www.kaufenmitverstand.de

Regel 1: Wählen Sie sichere Passwörter und geben Sie diese niemals an Dritte weiter.
Ideal ist eine Länge von mindestens acht Zeichen, am besten eine Kombination aus Buchstaben, Zahlen und Sonderzeichen. Wählen Sie keine Namen, Begriffe aus Wörterbüchern oder solche, die einen engen Bezug zu Ihrer Person haben und somit leicht zu erraten sind. Wählen Sie für unterschiedliche Internet-Anwendungen verschiedene Passwörter.

Regel 2: Achten Sie auf technische Sicherheit bei der Datenübertragung.
Anbieter sollten eine verschlüsselte Datenübertragung ermöglichen. Erkennbar ist dies in der Regel an dem Kürzel https:// in der Adresszeile des Browsers und weiteren visuellen Hinweisen wie zum Beispiel einem kleinen Schloss-Symbol in der unteren Browserleiste.

Regel 3: Überprüfen Sie die Seriosität des Anbieters.
Informieren Sie sich so gut es geht über den Verkäufer. Achten Sie bei gewerblichen Anbietern auf die so genannte Anbietertransparenz und vergewissern Sie sich, dass beispielsweise Identität und Anschrift des Anbieters, Garantie- und Gewährleistungsbedingungen sowie Rückgabe- bzw. Widerrufsrecht leicht auffindbar und verständlich sind. Hilfreich bei der Einschätzung des Anbieters können auch Bewertungsprofile, wie sie bei Online-Auktionen üblich sind, oder Gütesiegel sein. [Achten Sie zum Beispiel auf das Siegel „Geprüfter Onlineshop“ oder andere von der Initiative D21 der Bundesregierung empfohlene Gütesiegel.]

Regel 4: Prüfen Sie Artikelbeschreibung sowie Versand- und Lieferbedingungen.
Lesen Sie vor dem Kauf die Beschreibung des Artikels genau und vollständig durch und prüfen Sie die Bilder der Ware sorgfältig. Achten Sie auch auf die Lieferbedingungen und Versandkosten. Sind nicht alle relevanten Details ausreichend erläutert oder bestehen hinsichtlich der Beschreibung Unklarheiten, sollten diese vor dem Kauf mit dem Verkäufer geklärt werden. Kaufen Sie von einem Anbieter ausserhalb der EU, sollten Sie sich

ausserdem über die Höhe möglicher Zusatzkosten wie Steuern oder Zoll informieren.

Regel 5: Wählen Sie sichere Zahlungsmethoden.
Dazu gehören beispielsweise die Zahlung per Rechnung und der Bankeinzug. Auch mit der Nutzung eines Treuhandservice oder eines Online-Zahlungsservice wie zum Beispiel PayPal, wird ein hohes Mass an Sicherheit erreicht. Ein Bargeld-Transferservice wie Western Union ist hingegen keine geeignete Zahlungsmethode, wenn Sie den Verkäufer nicht persönlich kennen. Tätigen Sie niemals einen Online-Kauf, bei dem der Verkäufer auf einen Bargeld-Transferservice als Zahlungsmethode besteht.

Regel 6: Achten Sie auf Ihr Widerrufsrecht bei gewerblichen Anbietern.
Nach den Vorschriften für Fernabsatzverträge kann ein Kaufvertrag, der zwischen einem gewerblichen Händler mit einem Verbraucher geschlossen wird, innerhalb von zwei Wochen ohne Angabe von Gründen widerrufen und der gekaufte Artikel wieder an den Händler zurückgesandt werden. Die Zwei-Wochen-Frist beginnt, nachdem dem Verbraucher die Belehrung über sein Widerrufsrecht zugegangen ist und er die Ware zu Hause erhalten hat. Wurde der Verbraucher nicht ordnungsgemäss über sein Widerrufsrecht belehrt, verlängert sich die Frist.

Regel 7: Schützen Sie sich vor gefälschten E-Mails (Phishing).
Misstrauen ist angebracht, wenn Sie per E-Mail aufgefordert werden, vertrauliche Daten wie Passwörter oder Kreditkarteninformationen über einen Link oder ein Formular einzugeben. Auch wenn solche E-Mails aussehen, als seien sie von vertrauenswürdigen Unternehmen versandt worden – sie sind mit hoher Wahrscheinlichkeit gefälscht. Seriöse Unternehmen fragen solche Daten niemals per E-Mail, über einen Link oder ein Formular ab. Sie können sich zusätzlich vor solchem Datenklau – auch Phishing genannt – schützen, indem Sie die Adresse des gewünschten Anbieters immer manuell in die Adresszeile Ihres Browsers eingeben.

Was tun, wenn Sie schon geschädigt wurden?
Bei begründetem Betrugsverdacht, empfehlen wir Anzeige bei der Polizei zu erstatten!

Folgende Persönlichkeitsmerkmale und Situationen erhöhen die Anfälligkeit für diese Betrugsart.

„No Risk, no Fun!"
Risikofreudig, Spielernatur

„So was gibt es doch nicht!"
Einfalt, Naivität

„Alle Menschen sind gut!"
Gutmenschdenken

„Ja, Sie haben recht: 2+2 = 5!"
Unkritisches Denken

„Ich will auch, was alle anderen haben!"
Neid, Missgunst

„Ich bin ein Glückskind!"
Hoffnungsloser Optimist

Langeweile
Wer sich langweilt, kommt auf die seltsamsten Gedanken, auch auf dumme und teure!

„Das steht mir zu!"
Geiz, Gier

„Den Trick kannte ich noch nicht!"
Unkenntnis der Manipulationsmethoden

„Ist das echt so einfach?"
Leichtgläubigkeit

„Mir macht keiner was vor!"
Glaube an bessere Wahrnehmungsfähigkeit

„Mich kann keiner hereinlegen!"
Glaube, nicht manipulierbar zu sein

„Mir passiert schon nichts!"
Unverwundbarkeit

Finanzielle Krise
Wer in Not ist, braucht keinen Strohhalm, sondern eine solide Lösung!

Stress, Eile, Zeitdruck
Zeitdruck erzeugt Knappheit erzeugt Begehren!

4.2.3. Auto- / Motorradkauf via Internet

„Wenn ein gutes Geschäft zur Enttäuschung wird..."

Darunter versteht man insbesondere

- **Betrug beim Autokauf**
  - o Vorschussbetrug
    Dabei versucht der Verkäufer, Ihnen einen Vorschuss zu entlocken, die Lieferung des Fahrzeugs erfolgt jedoch nie.
  - o Hehlerware
    Durch Manipulation der Dokumente verkauft man Ihnen ein gestohlenes Fahrzeug. Bei der Anmeldung des Fahrzeugs fällt der Schwindel auf und Sie sind das Fahrzeug los.
  - o Minder- oder Falschleistungen
    Man zeigt Ihnen ein hochwertiges Fahrzeug und macht einen Vertrag mit Ihnen über ein anderes, minderwertiges Fahrzeug, was Sie jedoch nicht merken und Sie schliessen den Kaufvertrag ab und zahlen.
- **Betrug beim Autoverkauf**
  - o **Scheckbetrug**
    - Der Betrüger zahlt mit einem Scheck, dieser kann sich jedoch noch bis zu 14 Tagen nach Einreichung als ungedeckt entpuppen. Währenddessen haben Sie das Fahrzeug schon herausgegeben und merken dann erst den Betrug.

- Ein Betrüger meldet sich und Sie werden sich handelseinig. Meist angeblich ein gutes Geschäft für Sie, denn so stimmt man Sie milde und erreicht, dass Sie das Geschäft auch abschliessen möchten. Er sendet einen Scheck, den Sie einlösen. Kurz darauf meldet er sich und bittet mit einer rührenden Geschichte, das Geschäft rückgängig zu machen und ihm das Geld zurück zu überweisen. Manchmal auf ein Konto , mitunter aber auch via Geldtransferservice. Wenn Sie das tun, platzt der Scheck nach wenigen Tagen, auch wenn der Scheck von Ihnen schon eingelöst war, und Sie sind Ihr Geld los.
- Ein Kaufinteressent aus dem Ausland meldet sich und Sie werden sich mit ihm über den Kaupreis und die Versandkosten einig. Daraufhin sendet der Betrüger Ihnen einen Scheck, der zu hoch ausgestellt ist, was er wortreich mit einer Geschichte erklärt. Er bittet Sie dann, den Mehrbetrag per Geldtransferservice zu überweisen. Wenn Sie jetzt Pech haben, sind Sie dann das Fahrzeug los, der Scheck platzt und Sie haben noch Geld drauf gelegt.

o **Geldtransferservice Betrug**
- Zum Zeichen Ihres Kaufinteresses oder als Anzahlung bitten die Betrüger Sie, Geld auf Ihren Namen bei einem Geldtransferservice einzuzahlen. Daraufhin heben die Betrüger das Geld mit gefälschten Ausweisen ab und verschwinden.
- S.o.

Ausmass

Drei von vier Gebrauchtwagen wechseln laut ADAC (deutsches Pendant zum TCS) heute mit Unterstützung des Internets den Besitzer.

Erkennungsmerkmale für Betrug bei Auto / Motorradkauf via Internet
Folgende Punkte sollten Sie achtsam werden lassen, auch wenn es noch keine direkten Betrugshinweise sind:

- **„Zu schön, um wahr zu sein!"** Der Preis des angebotenen Fahrzeugs ist sehr niedrig,
  was der Verkäufer mit einer haarsträubenden oder herzerweichenden Geschichte von Notlage und Todesfall zu erklären versucht. Immer daran denken, was der Teufel sagt: „Gier ist meine Lieblingssünde, damit bekomme ich sie alle!"
- **Der Preis des angebotenen Fahrzeugs ist sehr niedrig**
  Nein, keine Tippfehler, dass wir das doppelt schreiben! Ein sehr niedriger Preis ist mit Abstand die beste Masche, um einen Betrug einzuleiten und die meist verbreitete und erfolgreichste!
- **Käufer oder Verkäufer sitzt im Ausland**
  Gerade hier treten oft Probleme auf. Als Verlockung dient oft der niedrige Preis. Und auch diese Betrüger können ergreifende Geschichten erzählen.
- **Telefonkontakt nur über gebührenpflichtige Nummern**
  Die Betrüger gaukeln per E-Mail Interesse vor und bitten um Rückruf. Das ist dann allerdings eine, freilich nicht zu erkennende, gebührenpflichtige Nummer. Damit machen die Betrüger ihr Geld.
- **Verkäufer schlägt Geldtransferservice vor**
  Geldtransferservice dienen in diesem Zusammenhang meist Betrugszwecken. Auch die Proforma-Einzahlung auf den eigenen Namen ist nur ein Trick, um an das Geld zu kommen.
- **Verkäufer schlägt Treuhandservice vor**
  Diese professionell aussehenden Webseiten sind, sobald Sie Ihr Geld eingezahlt haben, verschwunden.
- **Käufer will mit Scheck zahlen**
  Schecks haben die unangenehme Eigenschaft, dass sie platzen können.
- **Sie werden von einem Vermittler kontaktiert**
  Dem geht es nur darum, Ihnen eine Vermittlungsgebühr abzuknöpfen, obwohl er Ihnen nie einen Verkäufer oder Käufer vermitteln wird.

Die Eule rät

- Bei einem supergünstigen Schnäppchenpreis sollten Sie misstrauisch und wachsam sein!
- Akzeptieren Sie keine Schecks als Zahlungsmittel!
- Keine Zahlungen via Geldtransferservice tätigen! Auch keine Anzahlungen auf den eigenen Namen!
- Kein Geld zum ersten Besichtigungstermin mitnehmen!
- Prüfen Sie im Kaufvertrag insbesondere:
    - Ist der Verkäufer auch der Halter?
      Es könnte sonst ein gestohlenes Fahrzeug sein. Auch eine Vollmacht des „Verkäufers" kann gefälscht sein!
    - Sind die Extras, die man Ihnen zeigt, auch aufgeführt?
      Wenn nicht, haben Sie nachher kein Anrecht auf diese Extras.
    - Sind alle mündlich aufgeführten Eigenschaften auch im Vertrag enthalten?
      Kilometerstand, unfallfrei oder zweiter Besitzer sind Eigenschaften, welche kaufentscheidend sein können! Das bietet Ihnen dann auch ggf. Handhabe, den Kaufvertrag anzufechten.
    - Lassen Sie sich auf jeden Fall den Ausweis zeigen!
- Prüfen Sie den Fahrzeugausweis:
  Ist dieser erkennbar manipuliert oder gefälscht?
- Am besten nehmen Sie sich immer noch eine sachverständige Person Ihres Vertrauens dazu!

Was tun, wenn Sie schon geschädigt wurden?

Bei begründetem Betrugsverdacht, empfehlen wir Anzeige bei der Polizei zu erstatten!

Folgende Persönlichkeitsmerkmale und Situationen erhöhen die Anfälligkeit für diese Betrugsart.

„No Risk, no Fun!"
Risikofreudig, Spielernatur

„So was gibt es doch nicht!"
Einfalt, Naivität

„Alle Menschen sind gut!"
Gutmenschdenken

„Ja, Sie haben recht: 2+2 = 5!"
Unkritisches Denken

„Ich will auch, was alle anderen haben!"
Neid, Missgunst

„Ich bin ein Glückskind!"
Hoffnungsloser Optimist

Langeweile
Wer sich langweilt, kommt auf die seltsamsten Gedanken, auch auf dumme und teure!

„Das steht mir zu!“
Geiz, Gier

„Den Trick kannte ich noch nicht!“
Unkenntnis der Manipulationsmethoden

„Ist das echt so einfach?“
Leichtgläubigkeit

„Mir macht keiner was vor!“
Glaube an bessere Wahrnehmungsfähigkeit

„Mich kann keiner hereinlegen!“
Glaube, nicht manipulierbar zu sein

„Mir passiert schon nichts!“
Unverwundbarkeit

Finanzielle Krise
Wer in Not ist, braucht keinen Strohhalm, sondern eine solide Lösung!

Stress, Eile, Zeitdruck
Zeitdruck erzeugt Knappheit erzeugt Begehren!

4.2.4. Nigeria Connection

„Betrüger gibt es überall, auch in Nigeria..."

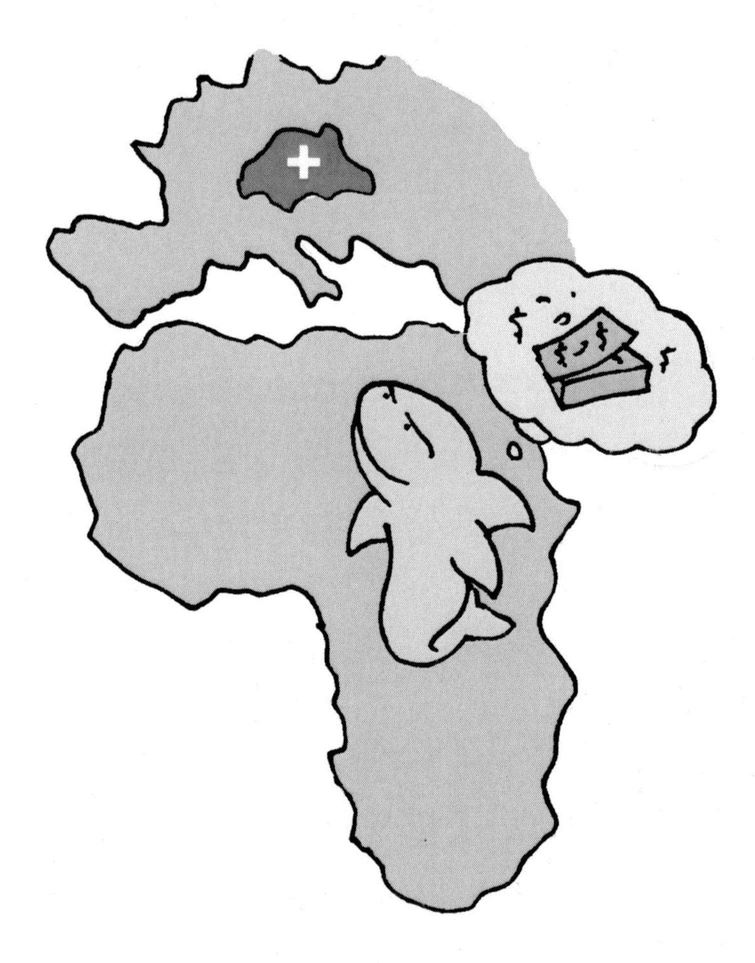

Darunter versteht man insbesondere

- E-Mails, manchmal auch Briefe oder Fax mit Hilfegesuch bei der Ausschaffung von Supervermögen.
- Lotteriegewinnversprechen.

Ausmass

Schätzungen gehen hier von einem zweistelligen Millionenbetrag pro Jahr aus.
(Quelle: http://www.textatelier.com/index.php?id=3&navgrp=3&link=151)
„Wie die „Badische Zeitung" vom 19. Februar 2004 berichtete, sollen allein aus der Schweiz jährlich bis zu 10 Millionen Franken in die dunklen Kanäle der Organisationen geflossen sein."

Beispiele

Jede Menge verschiedene Briefe der Nigeria Connection, kann man auf der nachstehenden Webseite nachlesen: http://scambaiter.sc.funpic.de/

Erkennungsmerkmale für diese Betrugsart
Folgende Punkte sollten Sie achtsam werden lassen, auch wenn es noch keine direkten Betrugshinweise sind:

- **Sie werden von Personen angeschrieben, die Sie nicht kennen!**
  Und es gibt auch keine erkennbare Empfehlung einer Ihnen bekannten Person.
- **Der Brief / die E-Mail ist unpersönlich, also Sie werden nicht persönlich angesprochen!**
  Derartige Massen-E-Mails können auf Knopfdruck generiert und millionenfach versendet werden.
- **Sie werden in Englisch angeschrieben!**
  Fast alle Briefe der Nigeria Connection sind in Englisch. Allerdings sind auch einige in schlechtem Deutsch aufgetaucht.

Folgende Punkte lassen zwingend auf einen Betrugsversuch schliessen:

- **„Zu schön, um wahr zu sein!"** Es wird Ihnen eine sehr hohe Summe Geld für Ihre „Hilfe" angeboten.
  $ 3 Millionen Dollar dafür, dass Sie Ihr Konto einmal zur Verfügung stellen? Da sollte doch wohl klar sein, dass da etwas nicht in Ordnung ist! Aber leider: „Gier frisst Hirn!"
- **„Zu schön, um wahr zu sein!"** Man verspricht Ihnen einen Lotteriegewinn von mehreren Millionen.
  Wie kann man in einer Lotterie gewinnen, an der man nicht teilgenommen hat?
- **Um an das Geld zu kommen, müssen Sie erst Geld zahlen!**
  Dies ist ein klassischer Vorschussbetrugstrick. Dem Opfer wird eine sehr hohe Summe in Aussicht gestellt. Um diese zu erhalten, müssen erst eine „Gebühr" oder irgendwelche Pseudokosten bezahlt werden. Hat man diese Zahlung geleistet, hört man nie wieder etwas von den Gaunern.

Die Eule rät

- E-Mail, Brief oder Fax löschen, bzw. vernichten! Fertig!
- Antworten Sie nicht, auch nicht zum Spass! Hinter diesen Methoden stehen skrupellose Netzwerke, die mafiaähnliche Strukturen haben!

Was tun, wenn Sie schon geschädigt wurden?

Da die Täter im Ausland vermutlich unter falschem Namen agieren, kann die Polizei nicht weiterhelfen.

Folgende Persönlichkeitsmerkmale und Situationen erhöhen die Anfälligkeit für diese Betrugsart.

„Ich bekomme ja nie, was mir zusteht!"
Unzufriedenheit

„Das steht mir zu!"
Geiz, Gier

„Alle Menschen sind gut!"
Gutmenschdenken

**„Irgendwann wird es mir finanziell auch be-
gehen! Oder werde ich auch mal Glück hab-**
Prinzip Hoffnung

„Ich will auch, was alle anderen haben!"
Neid, Missgunst

„Den Trick kannte ich noch nicht!"
Unkenntnis der Manipulationsmethoden

Grosse Sorgen /Ängste
Sorgen und Ängste sind kein guter Ratgeber für Entscheidungen!

Langeweile
Wer sich langweilt, kommt auf die seltsamsten Gedanken, auch auf dumme und teure!

„So was gibt es doch nicht!“
Einfalt, Naivität

„Ist das echt so einfach?“
Leichtgläubigkeit

„Ich bin ein Glückskind!“
Hoffnungsloser Optimist

„Ja, Sie haben recht: 2+2 = 5!“
Unkritisches Denken

„Mir passiert schon nichts!“
Unverwundbarkeit

„Mir macht keiner was vor!“
Glaube an bessere Wahrnehmungsfähigkeit

„Mich kann keiner hereinlegen!“
Glaube, nicht manipulierbar zu sein

„No Risk, no Fun!“
Risikofreudig, Spielernatur

Finanzielle Krise
Wer in Not ist, braucht keinen Strohhalm, sondern eine solide Lösung!

Stress, Eile, Zeitdruck
Zeitdruck erzeugt Knappheit erzeugt Begehren!

4.2.5. „Gratis“ Angebote und Abonnements

„Ein Klick und der Ärger geht los...“

Darunter versteht man insbesondere

- Nach Anmeldung auf einer Webseite mit Gratisangeboten erhält man eine Abonnementsrechnung.
- Sie erhalten einfach eine Rechnung.

Ausmass

Direkte Zahlen dazu liegen keine vor. Allerdings häufen sich die Klagen in Foren und Netzwerken immer mehr. Betrüger versuchen hier das schnelle Geld zu machen. Es gibt auch notorisch bekannte Betrüger. Eine Liste von einigen Webseiten finden Sie hier:

basteln.de
basteln-heute.com
cocktails-heute.comdeutsch.de
drogen-heute.com
einladung.de
fabrikverkauf.de
fabrikverkauf-heute.com
games-heute.com
gedichte.de
gedichte-heute.com
gehaltsrechner.de
gehaltsrechner-heute.com
hausaufgaben.de
hausaufgaben-heute.com
humor.de
kunst.de
kunst-heute.com
landkarte.de
latein.de
lehrstellen.de
lehrstellen-heute.com
lexikon-heute.com
mafia.de
p2p-heute.com
pflanzen-heute.com
rauchen-heute.com
rezepte-heute.com
routenplanung-heute.com
schnellstrassen.de
sms-heute.com
songtexte-heute.com
sternzeichen-heute.com
steuer-heute.com
suchen-heute.com
tattoo-heute.com
tierheime-heute.com
tiere-heute.com
trauersprueche.de
vornamen-heute.com
weltkarte.de
witze-heute.com
wohnung-heute.com

Erkennungsmerkmale für diese Betrugsart
Folgende Punkte sollten Sie achtsam werden lassen, auch wenn es noch keine direkten Betrugshinweise sind:

- **„Gratis kann teuer sein!"** Eine sonst kostenpflichtige Leistung wird hier plötzlich „gratis" angeboten
  Der Zugang zu Downloadarchiven, Hausarbeiten, Songtexten oder SMS-Versand ist normalerweise kostenpflichtig. Wenn er gratis angeboten wird, muss er irgendwie anders finanziert werden. In diesen Fällen mit Abzocke!
- **Bei der Anmeldung werden Sie nach Adresse und evtl. sogar Kreditkarte oder Bankdaten gefragt.**
  Bei einem seriösen Webangebot reicht normalerweise die Angabe der E-Mailadresse aus.
- **Formulierungen auf der Webseite wie: „Um Missbrauch und wissentliche Falscheingaben zu vermeiden, wird Ihre IP-Adresse (x.5.xx.xxx) bei der Teilnahme gespeichert. Anhand dieser Adresse sind Sie über Ihren Provider (16-xx.5-xx.cust.xxxx.ch) zweifelsfrei und gerichtsfest identifizierbar."**
  Dahinter steckt immer eine Einschüchterungsabsicht.

Folgende Persönlichkeitsmerkmale und Situationen erhöhen die Anfälligkeit für diese Betrugsart:

Das kann Jedem und zu jeder Zeit passieren!

Die Eule rät

Was tun, wenn Sie schon Rechnungen erhalten haben?

1. Per eingeschriebenem Brief mitteilen, dass man durch die fragliche Webseite getäuscht wurde und den Vertrag anficht. Man beruft sich dabei auf den Grundlagenirrtum oder die absichtliche Täuschung. Nach Schweizer Recht hat dies eine Ungültigkeit des Vertrages zur Folge. (Quelle: SECO)

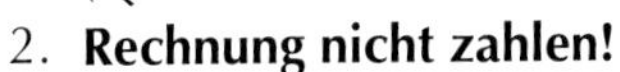

2. **Rechnung nicht zahlen!**
3. Mahnungen ignorieren!
4. Bei allfälligen Betreibungen muss innerhalb von 10 Tagen Rechtsvorschlag erhoben werden! Oft sind es jedoch ausländische Firmen, die soweit gar nicht gehen.
5. Es ist unwahrscheinlich, dass die Firmen es auf eine Gerichtsverhandlung ankommen lassen, da sie ja meist auch keine Originalunterschrift von Ihnen vorliegen haben.

Was tun, wenn Sie schon bezahlt haben?

Wie oben, allerdings sind die Chancen eher gering, denn diesen Firmen ist mit Drohen und Druck nicht beizukommen. Ausserdem sind Mahnungen ins Ausland wenig vielversprechend.

4.2.6. Phishing

„Den Betrügern ins Netz gegangen..."

Zunehmend werden im Internet viele wichtige Aufgaben des täglichen Lebens ausgeübt. Dazu gehört auch das Online Banking. 2007 nutzen etwa 30 % der täglichen Internetnutzer (Quelle: BFS) diese praktische Möglichkeit, ihre Geldgeschäfte zu erledigen. Und mit der Verbreitung des Online Banking wittern auch Betrüger hier eine lukrative Einnahmequelle und versenden täglich Milliarden von E-Mails und belasten das Internet. Sie richten alleine damit schon einen enormen volkswirtschaftlichen Schaden an, plus die Summen um die sie die Opfer schädigen. Hinzu kommt noch, dass sie auch unschuldige Menschen für ihre illegalen Geldwäsche missbrauchen, wie Sie im nächsten Abschnitt unter 'unseriöse Jobangebote' lesen können.

Definition
Unter Phishing (engl. Kunstwort aus fishing = fischen und phreaking = Manipulation von Telefonnetzen) versteht man das Ausspionieren von Daten, bzw. Zugangsdaten für:

- Online Banking
- Kreditkarten
- Sonstige Zahlungsdienste, wie z. B. PayPal, MoneyBookers, etc.
- Handelsplattformen, z. B. Ebay, Ricardo, Versandhäuser, etc.

Die Absicht der Phisher besteht darin, diese Daten für das Ausräubern der Konten oder das Durchführen von illegalen Transaktionen zu benutzen.

Ablauf des Betruges

1. **Das potenzielle Opfer erhält ein E-Mail,**
   welches vermeintlich von einer Institution kommt, bei der er ein Konto hat.
2. **Das E-Mail ist mitunter eine Kopie der E-Mail der Institution**
   (Bank, Kreditkartenfirma, Zahlungsdienst, etc.) oder sieht dieser sehr ähnlich!
3. **Der Empfänger wird aufgefordert, seine Kontoinformationen erneut einzugeben, zu bestätigen, oder zu verändern.**
4. Dabei werden mitunter auch komplizierte Geschichten von Fehlern erzählt und mit Kontosperrungen gedroht!
5. Die Webseite der Institution soll mittels im E-Mail vorhandenen Link besucht werden, um die „notwendigen" Eingaben vorzunehmen.
6. **Der Klick auf den im E-Mail enthaltenen Link führt dann zu einer gefälschten Webseite der Institution!**
7. **Dort werden Sie um die entsprechenden Eingaben gebeten.**
   Dabei werden Ihre Eingaben von den Betrügern gespeichert.
8. Die Opfer werden dann ganz normal in Ihr Konto eingeloggt oder es erscheint eine Fehlermeldung und sie werden dann auf die Originalwebseite geleitet und müssen sich dort nochmals einloggen.
9. Innerhalb kürzester Zeit werden die so gewonnenen Informationen dazu eingesetzt, um die Opfer zu schädigen.

Erkennungsmöglichkeiten für diese Betrugsart

- Alle diese Institutionen, also Banken, Zahlungsdienste, Handelsplattformen, etc. senden niemals derartige E-Mails.

Die Eule rät

- Klicken Sie niemals auf Links in E-Mails von angeblichen Institutionen, bei denen Sie ein Konto unterhalten!
- Verwenden Sie zum Aufruf dieser Webseiten immer Ihre Bookmarks / Favoriten oder geben Sie die URL mittels Eintippen ein!
- Geben Sie niemals Ihre TANs, PINs oder Passwörter preis!
- Installieren Sie eine Phishingerkennungssoftware und bleiben Sie trotzdem wachsam und befolgen die obigen Regeln!
- Warnen Sie Internetneulinge in Ihrem Freundeskreis über diese Betrugsart und erklären Sie diesen, wie sie sich schützen können!

Folgende Persönlichkeitsmerkmale erhöhen die Anfälligkeit für diese Betrugsart:

Das kann Jedem und zu jeder Zeit passieren!

Was tun, wenn Sie schon geschädigt wurden?

Bei begründetem Betrugsverdacht, empfehlen wir Anzeige bei der Polizei zu erstatten!

4.2.7. Unseriöse Arbeitsangebote

„Oft besteht die meiste Arbeit darin, die Betrüger wieder los zu werden oder sich von der Schuld reinzuwaschen...“

Hohe Arbeitslosigkeit und das Märchen, dass man im Internet schnell Geld verdienen kann, lassen gerade Neulinge oder Wenig-Surfer in ihrer Unwissenheit und Gutgläubigkeit auf diese Angebote hereinfallen.

Definition
Bei den beschriebenen unseriösen Arbeitsangeboten handelt es sich um eine strafbare Tätigkeit als Geldwäscher. Die Firmen suchen Opfer, die ihnen helfen, das aus Phishing Attacken ergaunerte Geld zu waschen.

Ablauf der Masche und Erkennungsmerkmale

1. **Das potenzielle Opfer erhält ein E-Mail mit einem Jobangebot! Mitunter aber wird man auch in einem Instant Messenger System angechattet oder es geschieht via dubiosen Jobbörsen!**
   Mitunter sind dies sehr einfache Jobformulierungen, mitunter aber auch sehr komplizierte.
2. **Der Job wird dabei u.a. mit folgenden Bezeichnungen beschrieben:**
   „Treuhänder", „Sales- oder Verkaufssachbearbeiter", „Finanz- oder Transaktionssachbearbeiter", „Regionalmanager" - der Benennungsfantasie sind keine Grenzen gesetzt.
3. **Ein hoher Verdienst bei minimalem Aufwand wird in Aussicht gestellt!**
4. **Die Firmen stellen sich entweder als langjährig im Geschäft befindlich oder als Senkrechtstarter in Sachen Gewinn dar.**
   So wird ein Teil der Opfer via ihrem Sicherheitsgefühl angesprochen und ein anderer Teil über ihre Gier.
5. **Sie werden gebeten, Ihre Kontaktangaben einzureichen.**
   Mitunter, um es seriöser erscheinen zu lassen, auch einen Lebenslauf.
6. **Man sagt Ihnen, dass Ihr Job darin besteht, Zahlungen auf Ihrem Konto entgegenzunehmen und diese weiterzuleiten.**
   (Das Geld stammt aus Phishingangriffen, ist also gestohlen!)
7. **Die Weiterleitung erfolgt dann entweder auf ein ausländisches Konto oder via Western Union oder einen anderen Bargeldtransferservice.**

Was passiert dann? Das sagen Ihnen die Betrüger nicht!

8. **Nach einiger Zeit klopft die Polizei an Ihre Türe und beschuldigt Sie der Geldwäsche!**

9. **Sie müssen das ganze Geld, welches Sie nicht mehr haben, zurückzahlen!**

10. **Sie werden angezeigt und ggf. verurteilt!**

Nachstehend zwei Beispiele für derartige Anwerbeemails.
Beispiel 1 Kompliziert

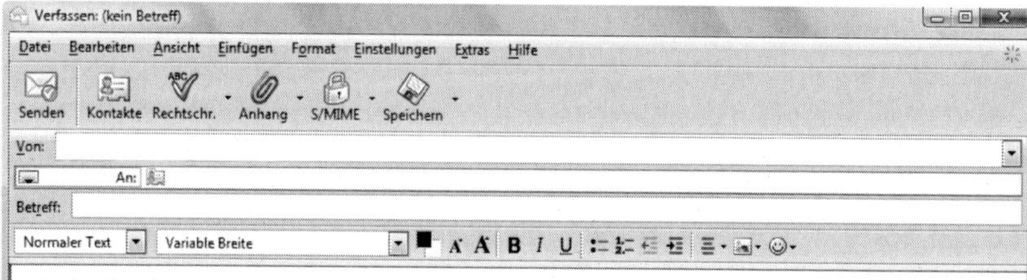

Avda de Manoteras 22, nave 145
Tel +34 96 570 XX XX
Firma Excel-Soft.Technology
- Import-Export und Online Trading, Finanzdienstleistungen.
Vakante Position: Regional Manager/in fuer Zahlungsbearbeitung und Online-Handel
Gesucht: Flexible, ehrliche Mitarbeiter / Hauptberuflich, Nebenberuflich, Selbstndig

Ohne Ihr Haus zu verlassen, koennen Sie Mitarbeiter in unserer gut organisierten Firma werden. Dazu brauchen Sie uns nur ein wenig Zeit zu schenken.
Zur Zeit waechst unsere Firma und wir haben eine beschraenkte Zahl von vakanten Stellen. Wir moechten betonen, dass keinerlei Investitionen Ihrerseits erforderlich sind, um mit uns zusammen zu arbeiten.

Was muessen Sie machen:
1. Ein effektiv funktionierendes Buero schaffen, das kann z.B. Ihre Wohnung sein.
Einzige Mindestvoraussetzung :
Sie brauchen einen PC mit Internetzugang und ein Handy auf dem wir Sie jederzeit erreichen koennen
2. Dem Hauptmanagers, bei Durchfuehrung der finanziellen Operationen der Kunden, Aktiven beistand zu leisten
3. Sie bekommen Aufgaben von unserer Firma an Ihre E-Mail Adresse, die sie wiederum bearbeiten und beantworten muessen.

VORTEILE:
Ihr Arbeitsplatz befindet sich direkt zu Hause, denn laut dem Arbeitsvertrag sind Sie unabhaengig und arbeiten daheim. Ihr Gehalt betraegt, je nach Arbeitsaufwand, zwischen 600 und 900 Euro pro Woche.(auch auf basis moeglich bis 400Euro)
Wenn wir in naher Zukunft eine Zweigstelle in Deutschland eroeffnen, dann werden Sie ein Vorzugsrecht auf einen Arbeitsplatz bekommen.
Sind Sie so ein Flexibler, Motivierter, Zuverlaessiger und Engagierter Mensch und treffen Ihre Interessen unserer Anforderung zu, dann setzt sich unser Personalleiter mit Ihnen telefonisch oder auf dem elektronischem Wege in Verbindung.
Senden Sie uns ihre Antwort an: vitaliy-lakin.dm@xxxx.info
Danach erhalten Sie weitere Informationen.
Sollten sie noch eventuelle Fragen haben, wird Ihnen selbstverstaendlich einer unserer deutschen Mitarbeiter zur Verfuegung stehen.

Mit freundlichen Gruessen
Geschaeftsleiter: Molina Melendez

Beispiel 2 einfachere Variante

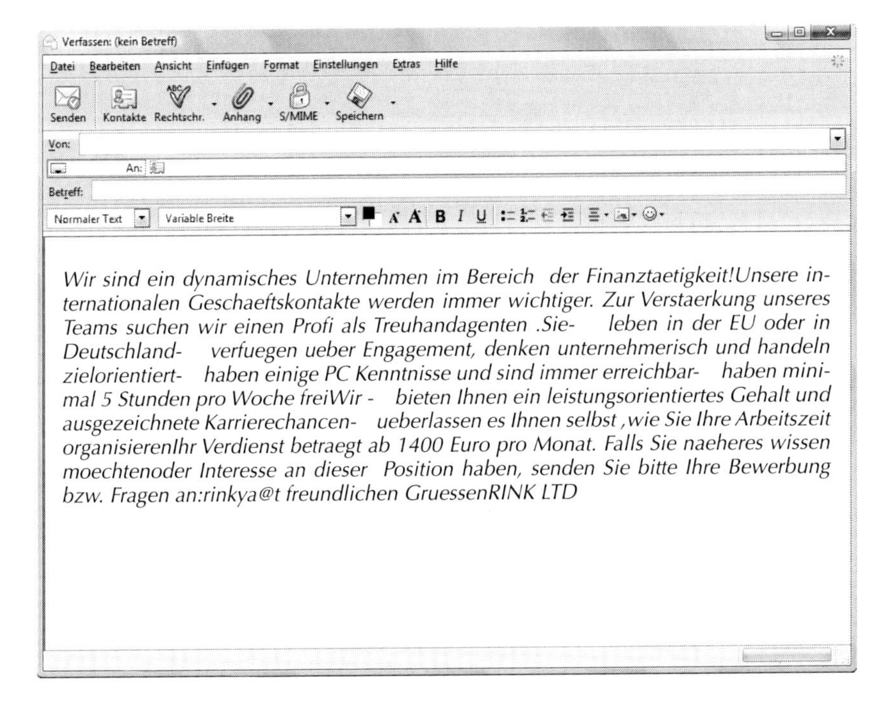

Wir sind ein dynamisches Unternehmen im Bereich der Finanztaetigkeit!Unsere internationalen Geschaeftskontakte werden immer wichtiger. Zur Verstaerkung unseres Teams suchen wir einen Profi als Treuhandagenten .Sie- leben in der EU oder in Deutschland- verfuegen ueber Engagement, denken unternehmerisch und handeln zielorientiert- haben einige PC Kenntnisse und sind immer erreichbar- haben minimal 5 Stunden pro Woche freiWir - bieten Ihnen ein leistungsorientiertes Gehalt und ausgezeichnete Karrierechancen- ueberlassen es Ihnen selbst ,wie Sie Ihre Arbeitszeit organisierenIhr Verdienst betraegt ab 1400 Euro pro Monat. Falls Sie naeheres wissen moechtenoder Interesse an dieser Position haben, senden Sie bitte Ihre Bewerbung bzw. Fragen an:rinkya@t freundlichen GruessenRINK LTD

Die Eule rät

- Löschen Sie derartige E-Mails!
- Gehen Sie nicht darauf ein!
- Geben Sie NIE Ihre Daten preis!

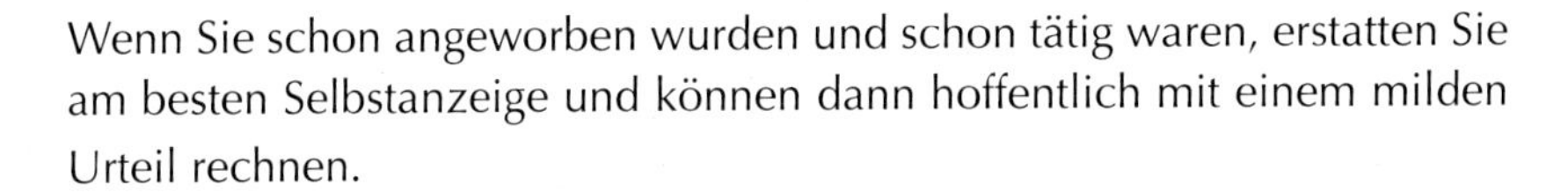

Wenn Sie schon angeworben wurden und schon tätig waren, erstatten Sie am besten Selbstanzeige und können dann hoffentlich mit einem milden Urteil rechnen.

Was tun, wenn Sie schon geschädigt wurden?

Bei begründetem Betrugsverdacht Anzeige bei der Polizei empfohlen!

Folgende Persönlichkeitsmerkmale und Situationen erhöhen die Anfälligkeit für diese Betrugsart.

„Alle Menschen sind gut!"
Gutmenschdenken

„Irgendwann wird es mir finanziell auch besser gehen! Oder werde ich auch mal Glück haben!"
Prinzip Hoffnung

„Ich bekomme ja nie, was mir zusteht!"
Unzufriedenheit

„Ja, Sie haben recht: 2+2 = 5!"
Unkritisches Denken

„Ich will auch, was alle anderen haben
Neid, Missgunst

„No Risk, no Fun!"
Risikofreudig, Spielernatur

Grosse Sorgen /Ängste
Sorgen und Ängste sind kein guter Ratgeber für Entscheidungen!

Langeweile
Wer sich langweilt, kommt auf die seltsamsten Gedanken, auch auf dumme und teure!

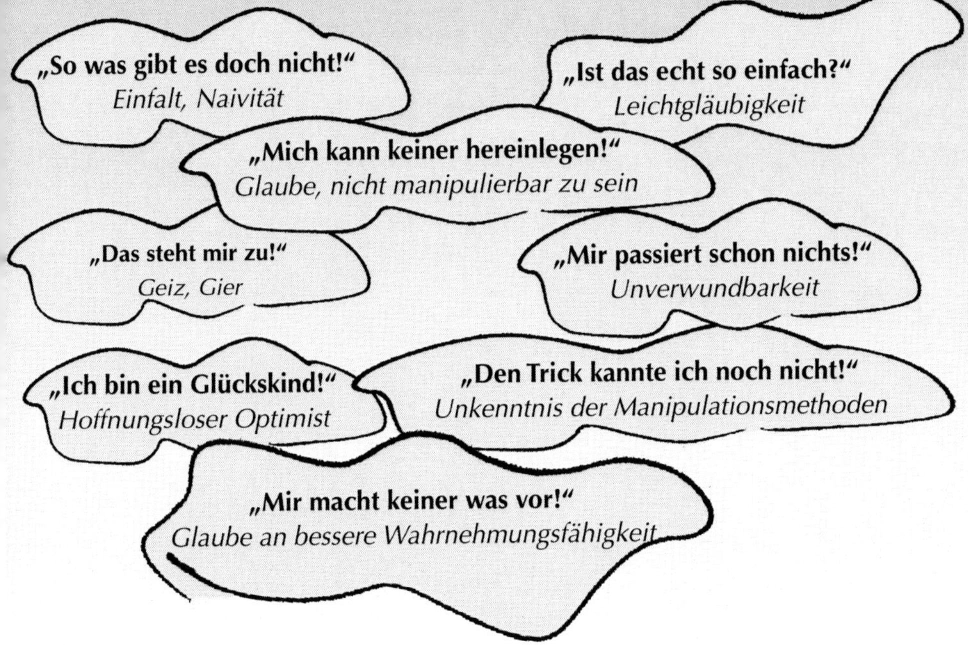

„So was gibt es doch nicht!“
Einfalt, Naivität

„Ist das echt so einfach?“
Leichtgläubigkeit

„Mich kann keiner hereinlegen!“
Glaube, nicht manipulierbar zu sein

„Das steht mir zu!“
Geiz, Gier

„Mir passiert schon nichts!“
Unverwundbarkeit

„Ich bin ein Glückskind!“
Hoffnungsloser Optimist

„Den Trick kannte ich noch nicht!“
Unkenntnis der Manipulationsmethoden

„Mir macht keiner was vor!“
Glaube an bessere Wahrnehmungsfähigkeit

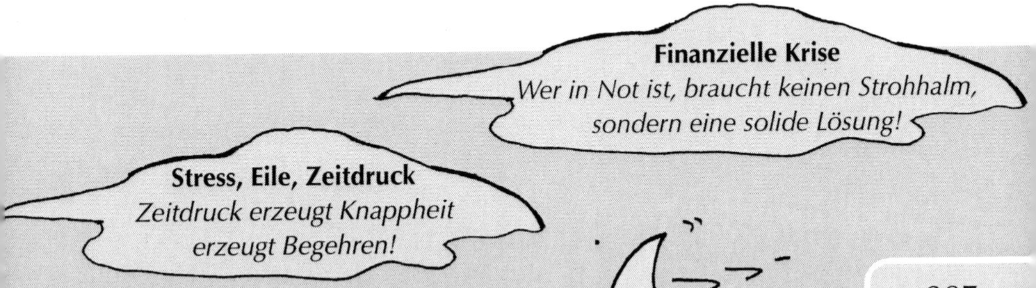

Finanzielle Krise
Wer in Not ist, braucht keinen Strohhalm, sondern eine solide Lösung!

Stress, Eile, Zeitdruck
Zeitdruck erzeugt Knappheit erzeugt Begehren!

4.2.8. Angebliche Lotteriegewinne „Loteria Primitiva"

„In Lotterien zu gewinnen, bei denen man nicht mitgespielt hat, ist entweder ein Wunder oder Betrug..."

Dieses Delikt hat sehr viel mit dem Internet zu tun, daher wollten wir es hier erwähnen. Ausführlich behandelt haben wir es jedoch auf Seite 226.

Lesen Sie hierzu mehr auf Seite 226.

4.3. Tricks und Fallen

Alle Tricks und Fallen zu erwähnen wäre absolut unmöglich. Denn Betrüger sind Meister im Erfinden neuer Wege und Methoden, ihre Opfer hereinzulegen und um ihr Geld zu bringen. Wir haben uns daher in diesem Kapitel auf einige wenige, allerdings häufig Schaden verursachende Methoden, beschränkt. Sie sollen exemplarisch aufzeigen, wie Betrüger vorgehen.

4.3.1. Enkeltrick

„Solche Enkel machen keine Freude..."

Lesen Sie hierzu mehr auf Seite 212.

4.3.2. Seniorenfahrten

„Ein Billigausflug, der teuer werden kann!"

Lesen Sie hierzu mehr auf Seite 216.

4.3.3. Scharlatane / Lebensberater

„Das Einzige, was diese Leute in der Zukunft sehen, ist ihr eigenes, volles Bankkonto!"

Lesen Sie hierzu mehr auf Seite 220.

4.3.4. Angebliche Lotteriegewinne / Gewinnversprechen

„Wenn das Blaue vom Himmel doch nur Lügen sind!"

Lesen Sie hierzu mehr auf Seite 226.

4.3.5. Eintrag in Firmenregister / Adressbuchschwindel

„Drum prüfe, wer sich „ewig" bindet..."

Lesen Sie hierzu mehr auf Seite 232.

4.3.6. Time Sharing

„Wenn Sie sich neben der Wohnung auch den Ärger und die Sorgen teilen!"

Lesen Sie hierzu mehr auf Seite 234.

4.3.1. Enkeltrick

„Solche Enkel machen keine Freude..."

Der Enkeltrick ist eine besonders gemeine Form des Trickbetruges, denn die Betrüger nutzen dabei in schamloser Weise die Gutmütigkeit und Ängste von Senioren aus.

Definition

Der Enkeltrick ist eine Form des Trickbetruges, bei welchem dem Geschädigten von einem vermeintlichen Verwandten Geld für ein Darlehen erbettelt wird. Dabei wird eine komplizierte, die Opfer oft verängstigende Geschichte erzählt. Diese mündet darin, dass der angebliche Verwandte einen Freund schicken muss, um das Geld in bar abzuholen, da er selbst verhindert ist.

Ablauf des Tricks

1. **Das Opfer erhält einen Telefonanruf von einem vermeintlichen Verwandten.**
   Hierbei sind die Täter sehr geschickt, dem Opfer selbst sowohl den Namen als auch die Lebensumstände des vermeintlichen Verwandten zu entlocken und dies später wieder geschickt im Gespräch einzubringen.
2. **Der Täter, der vermeintliche Verwandte, erzählt eine verworrene und komplizierte Geschichte, warum er jetzt gerade Geld braucht.**
   Diese Geschichten sind oft derart, dass das Opfer verängstigt wird und in Sorge um den vermeintlichen Verwandten versetzt wird.
3. **Der Täter bittet das Opfer dann um ein Darlehen.**
   Dabei gehen die Täter raffiniert vor, um in Erfahrung zu bringen, wie viel Geld das Opfer denn aufbringen könnte.
4. **Sodann präsentiert der Täter eine ebenfalls komplizierte Geschichte, warum er nicht selbst das Geld in Empfang nehmen kann.**
   Auch dabei zielt die Geschichte darauf ab, das Opfer zu verwirren und in Angst zu versetzen.
5. **Der nächste Schritt ist das Erzeugen von Zeitdruck, so dass nur die sofortige Übergabe von Bargeld in Frage kommt.**
   Nachdem das Opfer nunmehr in Angst um das Wohlergehen des vermeintlichen Verwandten ist, wird nun noch weiterer Druck erzeugt, indem das Ganze sehr dringend gemacht wird. Das soll verhindern, dass das Opfer mit jemand anderem darüber spricht, sich Rat holt oder die Angelegenheit noch mal überdenkt.

Neue Masche und Variante des Enkeltricks

- Wenn die Betrüger mit ihrer Überredungskunst gescheitert sind und das Opfer kein Geld geben will, erhält das Opfer einen Anruf von einem vermeintlichen Polizisten.
- Dieser überredet das Opfer zum Schein auf den Betrug einzugehen, um so den Betrüger zu fassen und andere vor Schaden zu bewahren.
- Der vermeintliche Polizist verabredet sich dann, um mit dem Opfer zur Bank zu gehen und tatsächlich ruft der Betrüger noch mal an, so dass das Opfer den Betrüger in die Falle locken kann.
- Selbstverständlich ist das Geld dann nachher auch weg!

Der Enkeltrick ist einer der Klassiker im Betrug und wird schon sehr lange und immer wieder in Abwandlungen eingesetzt.

Erkennungsmerkmale für diese Betrugsart

- **„Nur noch heute!"**
  Es wird Zeitdruck aufgebaut, das Ganze muss sehr schnell erledigt werden, damit das potenzielle Opfer bei Niemandem nachfragen kann.
- **„Haben Sie doch ein Herz..."**
  Es wird Mitleid mit dem vermeintlichen Verwandten erzeugt.
- **„Gemeinsamkeit kann verbinden oder fesseln!"**
  Die Betonung der Verwandtschaft soll das Opfer nötigen zu helfen!
- **„Ich beschütze Sie..."**
  Wenn Sie das Geld geben, können Sie angeblich Unheil von Ihrem Verwandten abwenden!

Anfälligkeit bei folgenden Opfermerkmalen und Situationen

„Alle Menschen sind gut!" Gutmenschdenken

„So was gibt es doch nicht!" Einfalt / Naivität

„Ist das echt so einfach?" Leichtgläubigkeit

Grosse Sorgen / Ängste
Sorgen und Ängste sind kein guter Ratgeber für Entscheidungen!

Die Eule rät

- Informieren Sie alle Senioren in Ihrem Umfeld über den Trick und wie sie reagieren sollen!
- Sollten Sie derartige Anrufe bekommen, so beenden Sie das Gespräch und informieren direkt die Polizei über den Betrugsversuch!

Was tun, wenn Sie schon geschädigt wurden?
Bei begründetem Betrugsverdacht Anzeige bei der Polizei empfohlen!

4.3.2. Seniorenfahrten

„Ein Billigausflug, der teuer werden kann!"

Definition

Mittels Lockangeboten werden Senioren dazu gebracht, an einem Ausflug teilzunehmen. Das Hauptreiseziel ist dabei allerdings eine Verkaufsveranstaltung, die einer Gehirnwäsche gleich kommt, um so den Opfern Geld aus der Tasche zu ziehen.

Ablauf des Tricks

1. Per Post erhalten die Opfer eine Werbung für einen Ausflug oder eine Kurzreise.
2. Darin werden zu einem supergünstigen Preis neben der Reise noch viele Geschenke und ein gutes Essen versprochen.
3. Die Reise als solche ist nur Mittel zum Zweck, die Senioren zu einer Verkaufsveranstaltung zu bringen.
4. Auf der Verkaufsveranstaltung selbst werden die Senioren durch geschickte Verkäufer massiv unter Druck gesetzt, etwas zu kaufen.
5. Dabei handelt es sich fast immer um überteuerte oder minderwertige Ware.
6. Das versprochene Essen ist dann oft ein billiges Touristenmenü und nicht unbedingt das versprochene gute Essen.

Erkennungsmerkmale für diese Betrugsart

- **„Nur noch heute!"**
  Das Angebot kann nur innerhalb kurzer Zeit zu diesem Preis gebucht werden, danach wird es angeblich teuer. Das ist nur ein Marketingtrick!
- **„Zu schön, um wahr zu sein!"**
  Das Ganze ist eigentlich zu billig, um wahr zu sein!
- **„Gratis kann teuer sein!"**
  Es werden viele Gratiszugaben angepriesen.
- **„Nur für Sie..."**
  Das Angebot spricht von einem exklusivem Angebot für Sie persönlich, das ist aber nur ein Marketingtrick.

Die Eule rät

- Reden Sie mit Senioren in Ihrem Umfeld und klären Sie diese über derartige Machenschaften auf!
- Seien Sie misstrauisch, wenn die Reise sehr günstig ist und man mit vielen Gratiszugaben lockt!
- Lesen Sie auch das Kleingedruckte, ob da nicht etwas von einer Verkaufsveranstaltung steht!

Was tun, wenn Sie schon geschädigt wurden?

In diesem Fall ist eine Anzeige nicht möglich, da kein strafrechtlich relevanter Tatbestand vorliegt.

Folgende Persönlichkeitsmerkmale und Situationen erhöhen die Anfälligkeit für diese Betrugsart.

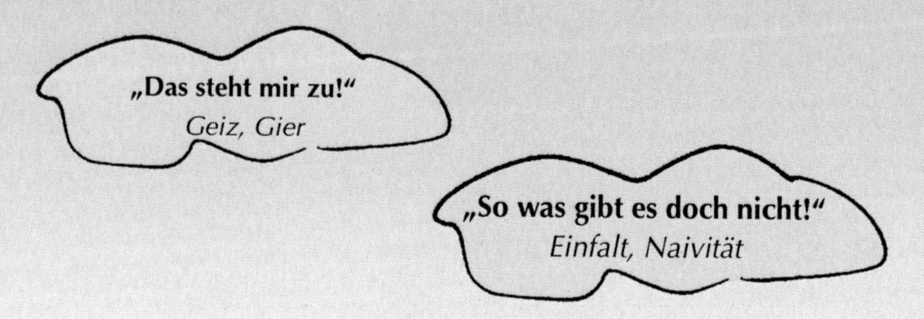

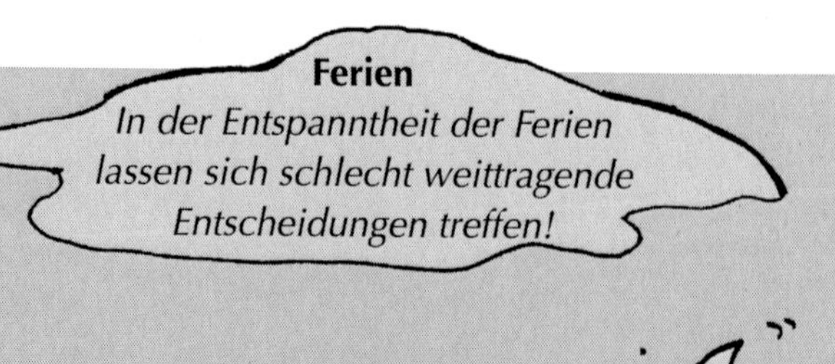

„Ich bin ein Glückskind!“
Hoffnungsloser Optimist

„Alle Menschen sind gut!“
Gutmenschdenken

Langeweile
Wer sich langweilt, kommt auf die seltsamsten Gedanken, auch auf dumme und teure!

4.3.3. Scharlatane, Lebensberater

„Das Einzige, was diese Leute in der Zukunft sehen, ist ihr eigenes, volles Bankkonto!“

Es gibt sehr viele Situationen, die einen in die Arme von selbst ernannten Medien und als Lebensberater getarnte Scharlatane treiben.

Als Scharlatan wird eine Person bezeichnet, welche vorgibt, Wissen, Fähigkeiten oder Dinge zu besitzen, was allerdings nicht den Tatsachen entspricht. (lt. Wikipedia)

Gerade in der esoterischen Szene gibt es ein grosse Anzahl von unseriösen Anbietern. Dabei wollen wir hier gar nicht darüber diskutieren, ob und in wie weit Wahrsager, Hellseher, Kartenleger oder Medien sinnvoll sind. Das ist weder unsere Aufgabe noch steht es uns zu. Uns geht es alleine darum zu warnen, dass es gerade unter dem Mantel der Nächstenliebe und Hilfe auch zu Abzocke und Betrug kommen kann.

Folgende Maschen sind in letzter Zeit besonders aufgefallen

- Die Seherin Maria Stauffer (Name erfunden) warnt die Empfänger in persönlich adressierten Schreiben vor unmittelbar bevorstehendem Unheil, das sie, aufgrund ihrer Fähigkeit in die Zukunft zu sehen, durch entsprechende Ratschläge abwenden könne. Wichtig sei, dass sich der Adressat innerhalb der im Schreiben angegebenen Frist an sie wende, ansonsten sei es zu spät. (Quelle: SECO)
    - Ferner wird dem Adressaten mitgeteilt, sie sei in der Lage, ihm zu einem Gewinn von CHF 100 000.– zu verhelfen. Im Übrigen weist sie darauf hin, dass es wirklich schade wäre, diese einmalige Gelegenheit zu verpassen.
    - Als Gegenleistung für ihre Dienste verlangt Maria Stauffer einen kleinen Unkostenbeitrag von CHF 20.–. Der Betrag kann bar durch das zu retournierende Couvert oder pers Kreditkarte überwiesen werden.
- Die Seherin Marie du Ciel (Name erfunden) behauptet, die Empfänger hätten von einem gewissen Alec Kiosma (Name erfunden) CHF 17 500.– geerbt. Für CHF 69.– wird eine «kosmische Erbschaft» in Aussicht gestellt. Diese beinhaltet namentlich gewinnbringende Lottozahlen. (Quelle: SECO)
- Sie werden auf der Strasse angesprochen, weil die „Hellsichtige Person" in Ihrer Aura Unheil sieht. Der nachstehende Fall erreichte uns per E-Mail von einer betroffenen Person.
  „Ich schäme mich total und könnte mich selbst ohrfeigen! - Nie hätte ich gedacht, dass ich jemals so naiv handeln würde.
  Mich quatschte auf der Strasse -war zum Einkaufen mit meinen zwei Kindern unterwegs- eine fremde Frau an, mit klarem deutschen Akzent. Sie sehe meine Aura, welche sehr interessant sei, sie glaube nicht an Zufall und musste mich darauf ansprechen.

Weiter erzählte sie mir, dass ich auf der linken Seite stark blockiert sei und ein schweres Karma auf mir haftet.
Sie schlug mir vor, dass sie mir für 30.- CHF eine Beratung gibt, ich war total überrumpelt und perplex, da sie doch einiges wusste und sofort erkannte, natürlich wurde ich neugierig und dachte mir nichts dabei.
Ich ging also mit ihr auf einen Spielplatz in der Nähe, wo meine Kinder spielen konnten und hörte ihr gespannt zu.
Sie faselte einiges zusammen, zum Beispiel, dass ich angepeilt werde, mir und meiner Familie jemand Schlechtes wünsche und verfluche.
Naja, ich war schon ein bisschen skeptisch, aber sie wirkte so beruhigend und leider auch glaubhaft. Danach handelte ich nicht mehr mit gesundem Menschenverstand, ich fühlte mich wie hypnotisiert und schenkte ihr Glauben, dass \“nur\“ sie mit \“Energetischen-Heilkräften\“ mir helfen kann um dieses Karma - unter dem meine Familie leidet - zu lösen.
Ich - Oh Gott ich schäme mich so - händigte ihr für diese 8-wöchige Behandlung 1600.- CHF aus. Dieses Geld benötige sie für die Kerzen.
Zu Hause angekommen wurde mir erst bewusst, was ich da UNGLAUBLICHES verbockt habe! - ich kann es nicht glauben so naiv gehandelt zu haben!“

Erkennungsmerkmale für Scharlatane

- **„Ich beschütze Sie...“**
  Erst jagt man Ihnen Angst ein, und dann versucht der Scharlatan Ihnen einen kostspieligen Schutz anzubieten.
- **„Nur noch heute!“**
  Der Scharlatan macht die Sache ganz dringend, man müsse direkt etwas gegen die Bedrohung unternehmen.
- **„Zu schön, um wahr zu sein!“**
  Es wird Ihnen ein grosser Gewinn in Aussicht gestellt, wenn Sie die teuren Leistungen des Scharlatans in Anspruch nehmen.
- **„Haben Sie doch ein Herz...“**
  Hiermit versucht der Scharlatan, Sie zu überzeugen, dass Sie für sich oder Ihre Familie etwas Gutes tun können, wenn Sie seine kostspieligen Dienste in Anspruch nehmen.

Die Eule rät

- Suchen Sie sich Hilfe am ehesten bei Fachpersonen, Psychologen, Pfarrer, Gemeindehelfer, Arzt o.ä., wenn Sie die Angelegenheit nicht mit einem Freund oder Familienmitglied besprechen können!
- Oder nutzen Sie die Hotline von Krisentelefonen!
- Wenn es ein Medium sein muss, dann nur eines, welches Sie von einem Freund empfohlen bekommen haben, nicht eines, welches Sie in der Zeitung gefunden haben!
- Lassen Sie sich auf keinen Fall zu langwierigen und teuren Behandlungen überreden, ohne das zu überdenken oder mit jemand anderem zu besprechen!
- Nutzen Sie keine teuren Mehrwertnummern, so etwas ist immer unseriös!

Was tun, wenn Sie schon geschädigt wurden?

In diesem Fall ist eine Anzeige nicht möglich, da kein strafrechtlich relevanter Tatbestand vorliegt.

Folgende Persönlichkeitsmerkmale und Situationen erhöhen die Anfälligkeit für diese Betrugsart.

„Immer passiert mir so was!“
unterdurchschnittliches Selbstbewusstsein, Opfermentalität

„Ist das echt so einfach?“
Leichtgläubigkeit

„Ich bekomme ja nie, was mir zusteht!“
Unzufriedenheit

„Alle Menschen sind gut!“
Gutmenschdenken

Finanzielle Krise
Wer in Not ist, braucht keinen Strohhalm, sondern eine solide Lösung!

Stress, Eile, Zeitdruck
Zeitdruck erzeugt Knappheit erzeugt Begehren!

Langeweile
Wer sich langweilt, kommt auf die seltsamsten Gedanken, auch auf dumme und teure!

Ferien
In der Entspanntheit der Ferien lassen sich schlecht weittragende Entscheidungen treffen!

4.3.4. Angebliche Lotteriegewinne / Gewinnversprechen

„Wenn das Blaue vom Himmel doch nur Lügen sind!"

Sie haben sicher auch schon E-Mails erhalten, deren Absender Sie nicht kannten und die bei Ihnen Werbung für eine Dienstleistung oder ein Produkt machen. Der Absender dieses E-Mails war ein sog. Spammer. Spammer verschicken mit einem Knopfdruck das gleiche E-Mail an Millionen von verschiedenen E-Mail-Adressen. Sie locken mit immer neuen und aberwitzigeren Versprechungen. Dabei sprechen sie zum einen die Ahnungslosigkeit und Unbedarftheit der Opfer an oder ganz gezielt die Gier. Wie sagte doch der Teufel: *„Gier ist meine Lieblingssünde, damit bekomme ich sie ALLE!"*

Diese Betrügereien enden immer in der Form eines Vorschussbetruges. Dabei gaukelt der Täter dem Opfer vor, dass es eine vergleichbar kleine Summe zahlen muss, um an die in Aussicht gestellte grosse Geldsumme zu kommen.

Bei den Gewinnversprechen verpacken die Täter das Ganze oft in eine stark ausgeschmückte Geschichte, welche rührselig sein kann oder betroffen machen soll. Im Falle der Lotteriegewinne wird dem Ganzen oft eine sehr komplizierte, offiziell anmutende Note gegeben.

Erkennungsmerkmale für diese Betrugsart

- **„Nur noch heute!"**
  Das Ganze ist oft sehr dringend, und man muss sich beeilen um das grosse Geld zu bekommen.
- **„Zu schön, um wahr zu sein!"**
  Die Beträge, mit denen die Betrüger werben, erreichen zum Teil irrwitzige Höhen und belaufen sich auf mehrere Millionen. Gleichzeitig gehen aber auch schon wieder Betrüger hin und versprechen kleinere Summen. Vorsicht ist aber auch angezeigt bei viel kleineren Summen, welche die Betrüger neuerdings versprechen, um Ihre Betrugsabsicht zu verschleiern.
- **„Nur für Sie!"**
  Gerne wird dem Opfer in Aussicht gestellt, dass das Angebot nur für es ganz persönlich erstellt wurde.

Beispiel eines angeblichen Lotteriegewinns

(Muss man schon alleine wegen der netten Maschinenübersetzung lesen)

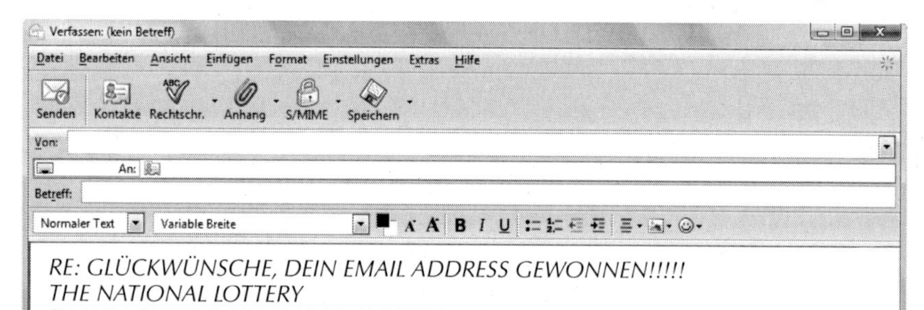

RE: GLÜCKWÜNSCHE, DEIN EMAIL ADDRESS GEWONNEN!!!!!
THE NATIONAL LOTTERY
E-MAIL LOTTERIE-ABTEILUNG / UNITED - KINGDOM

INTERNATIONALE FÖRDERUNG/IPRIEC
HINWEIS ZAHL: FLI-OP/2811-FM10431/0253
BEARBEITUNGSNUMMER: HPYW/71/731/UJNL

Aufmerksamkeit Sieger,
Wir freuen uns, dich mitzuteilen, dass dein email address mit Karte Nr. verband: 51366221663-48031 mit Serie Nr.: 991-504-431 Betrag-Nr.: 7-34-61-55-9484, die in der 3. Reihe in unserem Lotterieprogramm gewannen, hielt auf der 3. von Jan. 2007, du sind angenommen worden für Pauschalsummebezahlung aus GBP£1Million heraus zerstösst (eine Million, grosse Briten zerstösst Sterling), das dir als einer der glücklichen Sieger gezahlt wird, alles Partakers dieses Programms wurden vorgewählt über Computerstimmzettelsystem, die dein email address zu den glücklichen Siegern gehörte. Du wirst angefordert, mit unserem Regulierer sofort, damit deine Akte und verarbeitet wird, dein gewonnener Preis zu dir an oder vor dem 30. April 2007 freigegeben wird, als jedes in Verbindung zu treten unclaimed Summe/Preis, nachdem das oben genannte Datum zu unserem Fiskus wie unclaimed Preis zurückgebracht wird, so du müssen in der Note mit dem Regulierer, sofort sein, zum deines Preiss zu vermeiden, der zu unserem Fiskus zurückgegangen wird .
Für deinen Anspruch einordnen , mit unserem Regulierer mit unterhalb Informationen in Verbindung treten:
Mr. Mark Thackray
Von THE NATIONAL LOTTERY
E-MAIL: markthackray3@xxxxx.co.uk / Telefon: +44-762-xxxxxxx
Anmerkung: Du sollst in Verbindung treten mit unserem Regulierer mit deinen vollen Namen, Telefonnummer für weitere Erklärungen und Anweisung in, wie dein Preis, immer sich zu erinnern deinen, oben genannten Hinweis und Bearbeitungsnummern in jeder Korrespondenz zu den Kennzeichnung Zwecken einzuschliessen und die Zahlen mit dir zu halten behauptet wird, da er jederzeit durch den Regulierer angefordert wird.

Mit freundlichen Grüssen
Mr. Phil Smith
Mitteilung Mittel
E-mail Lotterie-Abteilung / The National Lottery.

Beispiel eines Gewinnversprechen E-Mails

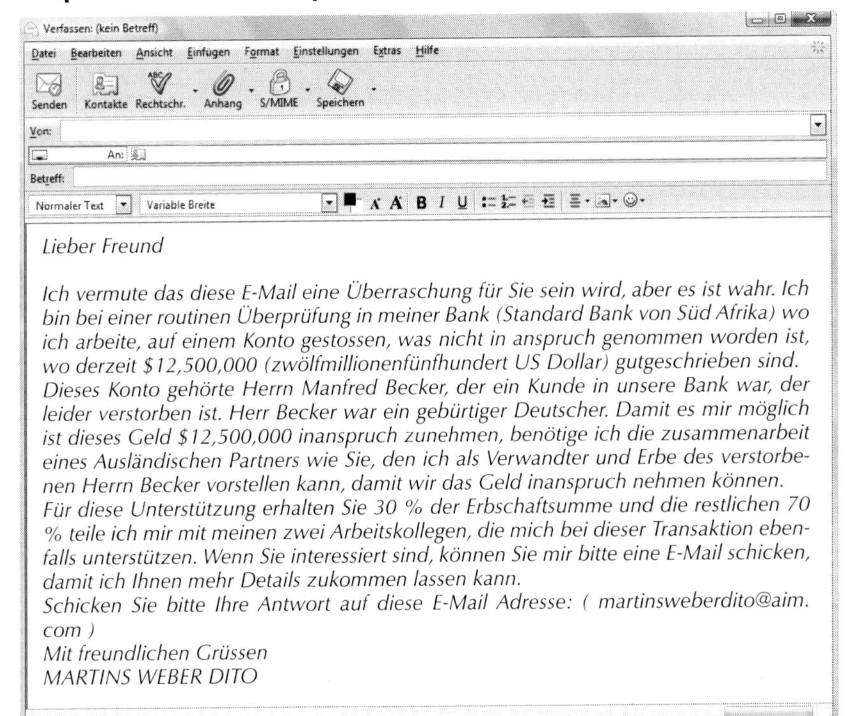

Lieber Freund

Ich vermute das diese E-Mail eine Überraschung für Sie sein wird, aber es ist wahr. Ich bin bei einer routinen Überprüfung in meiner Bank (Standard Bank von Süd Afrika) wo ich arbeite, auf einem Konto gestossen, was nicht in anspruch genommen worden ist, wo derzeit $12,500,000 (zwölfmillionenfünfhundert US Dollar) gutgeschrieben sind. Dieses Konto gehörte Herrn Manfred Becker, der ein Kunde in unsere Bank war, der leider verstorben ist. Herr Becker war ein gebürtiger Deutscher. Damit es mir möglich ist dieses Geld $12,500,000 inanspruch zunehmen, benötige ich die zusammenarbeit eines Ausländischen Partners wie Sie, den ich als Verwandter und Erbe des verstorbenen Herrn Becker vorstellen kann, damit wir das Geld inanspruch nehmen können. Für diese Unterstützung erhalten Sie 30 % der Erbschaftsumme und die restlichen 70 % teile ich mir mit meinen zwei Arbeitskollegen, die mich bei dieser Transaktion ebenfalls unterstützen. Wenn Sie interessiert sind, können Sie mir bitte eine E-Mail schicken, damit ich Ihnen mehr Details zukommen lassen kann.
Schicken Sie bitte Ihre Antwort auf diese E-Mail Adresse: (martinsweberdito@aim.com)
Mit freundlichen Grüssen
MARTINS WEBER DITO

Die Eule rät

- Löschen Sie derartige E-Mails!
- Auf keinen Fall antworten oder Daten preisgeben!

Was tun, wenn Sie schon geschädigt wurden?

Da die Täter im Ausland vermutlich unter falschem Namen agieren, kann die Polizei nicht weiterhelfen.

Folgende Persönlichkeitsmerkmale und Situationen erhöhen die Anfälligkeit für diese Betrugsart.

„Das steht mir zu!“
Geiz, Gier

„Immer passiert mir so was!“
unterdurchschnittliches Selbstbewusstsein, Opfermentalität

„Ich will auch, was alle anderen haben!“
Neid, Missgunst

„No Risk, no Fun!“
Risikofreudig, Spielernatur

„Alle Menschen sind gut!“
Gutmenschdenken

„Ich bekomme ja nie, was mir zusteht!“
Unzufriedenheit

Grosser Verlust
Werfe nie gutes Geld schlechtem nach!

Langeweile
Wer sich langweilt, kommt auf die seltsamsten Gedanken, auch auf dumme und teure!

„So was gibt es doch nicht!“
Einfalt, Naivität

„Ist das echt so einfach?“
Leichtgläubigkeit

„Ich bin ein Glückskind!“
Hoffnungsloser Optimist

„Ja, Sie haben recht: 2+2 = 5!“
Unkritisches Denken

„Mir macht keiner was vor!“
Glaube an bessere Wahrnehmungsfähigkeit

„Irgendwann wird es mir finanziell auch besser gehen! Oder werde ich auch mal Glück haben!“
Prinzip Hoffnung

Stress, Eile, Zeitdruck
Zeitdruck erzeugt Knappheit erzeugt Begehren!

Finanzielle Krise
Wer in Not ist, braucht keinen Strohhalm, sondern eine solide Lösung!

Grosse Sorgen /Ängste
Sorgen und Ängste sind kein guter Ratgeber für Entscheidungen!

4.3.5. Eintrag in Firmenregister / Adressbuchschwindel

„Drum prüfe, wer sich „ewig" bindet..."

Definition
Mit vorgetäuschtem offiziellem Charakter versuchen die Täter, wertlose Einträge in erfolgsversprechenden oder offiziellen Adressdateien zu verkaufen. Dabei sieht ihre Offerte mehr wie eine Rechnung aus. Genau darauf spekulieren die Betrüger, dass die Opfer so einfach bezahlen.

Erkennungsmerkmale für diese Betrugsart

- **„Nur noch heute!"**
  Mitunter wird in den Schreiben ein Aktionsrabatt gewährt, wenn man sich in gesetzter Frist anmeldet.
- **„Das machen alle so!"**
  Mitunter wird mit Auflagenzahlen geworben, welche nicht beglaubigt sind.
- **„Mehr Schein als Sein...!"**
  Der offizielle Anstrich soll die Rechtmässigkeit der Forderung unterstreichen!

Anfälligkeit bei folgenden Opfermerkmalen und Situationen

„Den Trick kannte ich noch nicht!"
Unkenntnis der Manipulationsmethoden

Stress, Eile, Zeitdruck
Zeitdruck erzeugt Knappheit erzeugt Begehren!
Oder mitunter einfach nur teure Fehler.

Die Eule rät

- Lesen Sie alle Rechnungen gründlich durch, ob die Ansprüche auch begründet sind!
- Informieren Sie Ihre Mitarbeitenden, das auch zu tun!

Was tun, wenn Sie schon geschädigt wurden?

Der SECO Rechtsdienst empfiehlt: Mittels eines eingeschriebenen Briefes sofort nach Entdeckung des Irrtums dem Anbieter erklären, dass man durch das fragliche Formular getäuscht worden sei und man deshalb den Vertrag anfechte. Dies hat die Ungültigkeit des Vertrags zur Folge. Im gleichen Schreiben sollte man den Betrag zurückfordern.

4.3.6. Timesharing

„Wenn Sie sich neben der Wohnung auch den Ärger und die Sorgen teilen!"

Definition
Timesharing an sich ist eine gute Sache: Die Idee war, möglichst vielen Leuten kostengünstig eine Wohnmöglichkeit in einer Ferienregion zu bieten. Leider wird die Idee des Timesharings bevorzugt von dubiosen Geschäftemachern missbraucht, welche damit ahnungslose Menschen hereinlegen.

Beim Timesharing kauft man das Nutzungsrecht an einer Immobilie für eine bestimmte Zeit pro Jahr, z. B. 2-3 Wochen. Dabei sind dann die zu zahlenden Anteile vollkommen überzogen.
Die Verträge haben oft folgende Nachteile für die Nutzer von Timesharings:

- Man kann nicht frei bestimmen, wann man das Objekt zur Verfügung hat.
- Die Betrüger bereichern sich an den angeblichen Nebenkosten der Objekte.
- Obwohl Timesharing eigentlich eine Mietart ist, wird man in den Verträgen oft zum Mitrisikoträger, z. B. beim Konkurs der Verwaltungsgesellschaft oder bei Elementarschäden, Erdbeben, Feuer, Wasser.
- Kommt ein Nutzer seinen Zahlungen nicht pünktlich nach, so verfällt sein Wohnrecht.
- Die Verträge selbst sind oft sehr kompliziert und nur in der Sprache des Landes, wo das Objekt steht, abgefasst.
- Oft ist die Anzahlung eigentlich nur eine Vermittlungsgebühr für einen Makler, welche auf jeden Fall verloren ist, selbst wenn man es schaffen sollte, den Vertrag rückgängig zu machen.

Argumente der Timesharing-Anbieter

- **„Sie machen günstig Ferien!"**
  Das Gegenteil ist wahr, Timesharing ist eher sehr teuer!
- **„Eine gute Kapitalanlage!"**
  Auf keinen Fall, denn Timesharing ist eine Miete und kein Kauf!
- **„Eine gute Altersvorsorge!"**
  Selbst wenn es ein Kauf wäre, ist es immer noch unrentabel. Für das gleiche Geld können Sie ein Objekt kaufen, welches Sie dann ganzjährig nutzen und nicht nur 2-3 Wochen.
- **„Ferien, wann immer Sie wollen!"**
  Tatsächlich ist genau das sehr schwierig und nur bei langfristiger Planung möglich!

Die Methoden der Betrüger, um ein Geschäft anzubahnen!

- **Zuhause: Gewinn von Gratisferien**
  Per Telefon oder Brief wird man über einen vermeintlichen Gewinn informiert. Die Abholung der Gratisferienwoche mündet in einem Verkaufsgespräch und wenn man das übersteht, besteht die Gratiswoche nur aus der Unterkunft. Anreise, Buchungsgebühr und Verpflegung hingegen müssen noch separat bezahlt werden.
- **In den Ferien: Gewinn beim Glücksspiel am Strand**
  Man lädt Sie am Strand ein, Ihr Glück zu versuchen und tatsächlich gewinnen Sie auch. Nämlich einen gratis Ausflug oder ein gratis Nachtessen. Dabei geht es natürlich nur darum, Sie in eine Verkaufsveranstaltung zu bringen, wo man Sie dann zu einem Vertragsabschluss überreden kann.
- **In den Ferien: Sie werden einfach, aber mit sehr viel Überredungskunst, angesprochen, ob Sie nicht an einer Infoveranstaltung teilnehmen wollen.**
  Bei der Verkaufsveranstaltung werden Sie dann solange „überzeugt“, bis Sie einen Vertrag abschliessen.

Erkennungsmerkmale für diese Betrugsart

- **„Nur noch heute!“**
  „Wenn Sie bis morgen unterschreiben, sparen Sie XX %!“; angeblich!
- **„Zu schön, um wahr zu sein!“**
  Einmalige, sensationell hohe Rendite, Superverzinsung; die Superlativen der Verkäufer kennen keine Tabus und Grenzen, man verspricht alles, um einen Vertrag abzuschliessen.
- **„Gratis kann teuer sein!“**
  Die Abholung der Gratisferienwoche mündet in einem Verkaufsgespräch und wenn man das übersteht, ist die Gratiswoche nur die Unterkunft. Anreise, Buchungsgebühr und Verpflegung müssen noch bezahlt werden.
- **„Das machen alle so!“**
  Einwände gegen die Verträge werden mit dieser Bemerkung weggewischt.

- **„Gemeinsamkeit kann verbinden oder fesseln!"**
  Und plötzlich kommt der Verkäufer aus der gleichen Stadt, hat gemeinsame Bekannte oder betreibt auch Ihre Lieblingssportart, nur um einen Vertragsabschluss zu erzielen.
- **„Mehr Schein als Sein!"**
  Pompöse Büros sollen ein florierendes Geschäft suggerieren.
- **„Nur für Sie!"**
  haben wir da noch ein Sonderprogramm mit einer gratis Zusatzwoche!" Lügen, nichts als Lügen!

Die Eule rät

- Schliessen Sie keine derartigen Verträge ab, die Sie nicht von einem Fachmann haben prüfen lassen!
- Lassen Sie sich nie zu einer Unterschrift drängen!
- Treffen Sie keine derart weitreichenden Entscheidungen in entspannter Urlaubsatmosphäre!
- Achten Sie darauf, ob der Verkäufer Sie wegen der erhaltenen Gratisleistungen in die Pflicht nehmen will!

Was tun, wenn Sie schon geschädigt wurden?

Wenden Sie sich an diesen Verein, der schon vielen Geschädigten geholfen hat: www.schutzgemeinschaft-ev.de

Folgende Persönlichkeitsmerkmale und Situationen erhöhen die Anfälligkeit für diese Betrugsart.

„Ist das echt so einfach?"
Leichtgläubigkeit

„Ich will auch, was alle anderen haben!"
Neid, Missgunst

„So was gibt es doch nicht!"
Einfalt, Naivität

„Ja, Sie haben recht: 2+2 = 5!"
Unkritisches Denken

Ferien
In der Entspanntheit der Ferien lassen sich schlecht weittragende Entscheidungen treffen!

„Das steht mir zu!"
Geiz, Gier

„Alle Menschen sind gut!"
Gutmenschdenken

„Den Trick kannte ich noch nicht!"
Unkenntnis der Manipulationsmethoden

„Ich bin ein Glückskind!"
Hoffnungsloser Optimist

Langeweile
Wer sich langweilt, kommt auf die seltsamsten Gedanken, auch auf dumme und teure!

Nachwort

In diesem Buch haben wir Ihnen viele Zitate präsentiert. Vor allem auch, weil wir denken, dass darin viel Weisheit und Wahrheit liegt. Denn ein Zitat sagt oft mehr als 1000 Worte.

Allerdings haben wir eines gefunden, dem wir mit der vorliegenden Kampagne widersprechen:

„Guter Rat ist teuer!"
Unbekannt

Und wenn Sie nach der Lektüre noch Folgendes sagen können:

„Es ist sehr schwierig, Menschen hinters Licht zu führen, sobald es ihnen aufgegangen ist."
Alfred Polgar

Dann haben wir unsere Arbeit gut gemacht.

Mit besten Empfehlungen
Die Schweizerische Kriminalprävention

Und denken Sie daran:

„Vorsicht, ja: Aber auch gegenüber der Vorsicht."
Unbekannt

Aesop	Fabeln
Aronson, Elliot; Wilson, Timothy D.; Akert, Robin M.	Sozialpsychologie, Pearson Studium
Cialdini, Robert	Die Psychologie des Überzeugens, Verlag Huber
Dilts, Robert B.	Die Magie der Sprache: Angewandtes NLP, Jungfermann Verlag
Felser, Georg	Werbe- und Konsumentenpsychologie
Grinder, John; Bandler, Richard	Neue Wege der Kurzzeit - Therapie: Neurolinguistische Programme, Jungfermann Verlag
Grubelnik, Klaus; Kwauka, Martin	Gauner, Haie, Dilettanten, Überreuter Verlag
Hafen, Martin	Systemische Prävention, Carl-Auer Verlag
Isopublik Studie 2006	ISOPUBLIC, Institut für Markt- und Meinungsforschung
Klaffke, Martin	Anlagebetrug am Grauen Kapitalmarkt, DUV Wirtschaftswisenschaften
Krullmann, Hans	Vorsicht Betrügerei, R.G. Fischer Verlag
Lefrancois, Guy	Psychologie des Lernens, Springer Verlag
Levine, Robert	Die grosse Verführung, Piper Verlag
Mazur, James E.	Lernen und Verhalten, Pearson Studium

Mohl, Alexa	Der Wächter am Tor zum Zauberwald, Jungfermann Verlag
Passmann, Mike	3 2 1 abgezockt, Verlag für Verbraucherinformation GmbH
Rudolf, Thomas; Meise, Jan Niklas; Emrich, Oliver	Der Schweizer Online-Handel - Internetnutzung Schweiz 2007, Gottlieb Duttweiler Lehrstuhl für Internationales Handelsmanagement
Stein, Stefan	Feldaktive Kriminalprävention
Suprayan, Ingrid	Geld als Droge?
Volkmer, Thomas; Singer, Mario C.	Tatort Internet, Markt & Technik Verlag